中国古代墓志铭

王 俊 编著

中国商业出版社

图书在版编目（CIP）数据

中国古代墓志铭/王俊编著．--北京：中国商业出版社，2017.7

ISBN 978-7-5044-9896-0

Ⅰ．①中…　Ⅱ．①王…　Ⅲ．①墓志－研究－中国－古代　Ⅳ．① K877.45

中国版本图书馆 CIP 数据核字 (2017) 第 127442 号

责任编辑：常　松

中国商业出版社出版发行
010-63180647　www.c-cbook.com
（100053 北京广安门内报国寺 1 号）
新华书店经销
三河市同力彩印有限公司
*
710×1000 毫米　16 开　15 印张　200 千字
2017 年 9 月第 1 版　2017 年 9 月第 1 次印刷
定价：45.00 元
*　*　*　*
（如有印装质量问题可更换）

《中国传统民俗文化》编委

主　编	傅璇琮	著名学者，原国务院古籍整理出版规划小组秘书长，清华大学古典文献研究中心主任教授，原中华书局总编辑
顾　问	蔡尚思	著名历史学家，中国思想史研究专家
	卢燕新	南开大学文学院副教授
	王永波	四川省社会科学院文学研究所副研究员
	叶　舟	中国思维科学研究院院长，清华大学、北京大学特聘教授
	于春芳	北京第二外国语学院教授
	杨玲玲	西班牙文化大学文化与教育学博士
编　委	陈鑫海	首都师范大学中文系博士
	李　敏	北京语言大学古汉语古代文学博士
	赵　芳	出版社高级编辑，曾编辑出版过多部文化类图书
	韩　霞	山东教育基金会理事，作家
	陈　娇	山东大学哲学系讲师
	吴军辉	河北大学历史系讲师
	石雨祺	出版社高级编辑，曾编辑出版过多部历史类图书
	王　欣	全国特级教师
策划及副主编		王　俊

序 言

  中国是举世闻名的文明古国,在漫长的历史发展过程中,勤劳智慧的中国人,创造了丰富多彩、绚丽多姿的文化,可以说人创造了文化,文化创造了人,这些经过锤炼和沉淀的古代传统文化,凝聚着华夏各族人民的性格、精神、智慧,是中华民族相互认同的标志和纽带。在人类文化的百花园中摇曳生姿,展现着自己独特的风采,对人类文化的多样性发展作出了巨大贡献。中国传统民俗文化内容广博,风格独特,深深地吸引着世界人民的眼光。

  正因如此,我们必须深入学习贯彻十八届三中全会精神,按照中央的规定,加强文化建设。2006年5月,时任浙江省委书记的习近平同志就已提出:"文化通过传承为社会进步发挥基础作用,文化会促进或制约经济乃至整个社会的发展。"又说:"文化的力量最终可以转化为物质的力量,文化的软实力最终可以转化为经济的硬实力。"(《浙江文化研究工程成果文库总序》)今年他去山东考察时,又再次强调:中华民族伟大复兴,需要以中华文化发展繁荣为条件。

  学习习近平同志的重要讲话,确可体会到,在政治、经济、军事、社会和自然要素之中,文化是协调各个要素协同发展、相关耦合的关健。正因为此,我们应该对华夏民族文化进行广阔、全面的检视。我们应该唤醒我们民族的集体记忆,复兴我们民族的伟大精神,发展和繁荣中华民族的优秀文化,为我们民族在强国之路上阔步前行创设先决条件。

实现民族文化的复兴,更必须传承中华文化的优秀传统。现代中国人,特别是年轻人,对传统文化十分感兴趣,蕴含感情。但当下也有人对具体典籍、历史事实不甚了解,比如说,中国是书法大国,谈起书法,有些人或许只知道些书法大家如王羲之、柳公权等等的名字,知道《兰亭集序》是千古书法珍品,仅此而已。再比如说,我们都知道中国是闻名于世的瓷器大国,中国的瓷器令西方人叹为观止,中国也因此而获得了"瓷器之国"(英语china的另一义即为瓷器)的美誉。然而关于瓷器的由来、形制的演变、纹饰的演化、烧制等等瓷器文化的内涵,就知之甚少了。中国还是武术大国,然而国人的武术知识,或许更多地来源于一部部精彩的武侠影视作品,对于真正的武术文化,我们也难以窥其堂奥了。我们还是崇尚玉文化的国度,我们的祖先,发现了这种"温润而有光泽的美石",并赋予了这种冰冷的自然物以鲜活的生命力和文化性格,例如"君子当温润如玉",女子应"冰清玉洁"、"守身如玉";"玉有五德",即"仁"、"义"、"智"、"勇"、"洁",等等。今天,熟悉这些玉文化的内涵的国人,也为数不多了。

也许正有鉴于此,有忧于此,近年来,已有不少有志之士,开始了复兴中国传统文化的努力,读经热开始风靡海峡两岸,不少孩童乃至成人,开始重拾经典,在故纸旧书中品味古人的智慧,发现古文化历久弥新的魅力。电视讲坛里一波又一波对古文化的讲述,也吸引着数以万计的人们,重新审视古文化的价值。现在放在读者眼前的这套"中国传统民俗文化丛书",也是这一努力的又一体现。我们现在确应注重研究成果的学术价值和应用价值,充分发挥其认识世界、传承文化、创新理论、咨政育人的重要作用。

中国的传统文化内容博大,体系庞杂,该如何下手,如何呈现?这套丛书处理得可谓系统性强,别具心思。编者分别按物质文化、制度文化、精神文化等方面来分门别类地进行组织编写,例如在物质文化的层面,就有中国古代纺织、中国古代酒具、中国古代农具、中国古代青铜器、中国古代钱币、中国古代石刻、中国古代木雕、中国古代建筑、中国古代砖瓦、中国古代玉器、中国古代陶器、中国古代漆器、中国古代桥梁等等。

在精神文化的层面，就有中国古代书法、中国古代绘画、中国古代音乐、中国古代艺术、中国古代篆刻、中国古代家训、中国古代戏曲、中国古代版画等等；在制度文化的层面，就有中国古代科举、中国古代官制、中国古代教育、中国古代军队、中国古代法律等等。

此外，在历史的发展长河中，中国各行各业还涌现出一大批杰出的人物，至今闪耀着夺目的光辉，启迪后人，示范来者，对此，这套丛书也给予了应有的重视，中国古代名将、中国古代名相、中国古代名帝、中国古代文人、中国古代高僧等等，就是这方面的体现。

生活在21世纪的我们，或许对古人的生活颇感好奇，他们的吃穿住用如何？他们如何过节？如何安排婚丧嫁娶？如何交通？孩子如何玩耍？等等。这些饶有兴趣的内容，这套中国传统民俗文化丛书，都有所涉猎，例如中国古代婚姻、中国古代丧葬、中国古代节日、中国古代风俗、中国古代礼仪、中国古代饮食、中国古代交通、中国古代家具、中国古代玩具、中国古代鞋帽等等，这些书籍介绍的，都是人们深感兴趣，平时却无从知晓的内容。

在经济生活的层面，这套丛书安排了中国古代农业、中国古代纺织、中国古代经济、中国古代贸易、中国古代水利、中国古代车马、中国古代赋税等等内容，足以勾勒出古人经济生活的主要内容，让今人得以窥见自己祖先曾经的经济生活情状。

在物质遗存方面，这套丛书则选择了中国古镇、中国古楼、中国古寺、中国古陵墓、中国古塔、中国古战场、中国古村落、中国古街、中国古代宫殿、中国古代城墙、中国古关等内容。相信读罢这些书，喜欢中国古代物质遗存的读者，已经能大致掌握这一领域的大多数知识了。

除了上述内容外，其实还有很多难以归类却饶有兴趣的内容，例如中国古代的乞丐这样的社会史内容，也许有助于我们深入了解这些古代社会底层民众的真实生活情状，走出武侠小说家们加诸他们身上的虚幻不实的丐帮色彩，还原他们的本来面目，加深我们对历史真实的了解。继承和发扬中华民族几千年创造的优秀文化和民族精神是我们责无旁贷的历史责任。

不难看出，单就内容所涵盖的范围广度来说，有物质遗产，有非物质遗产，还有国粹。这套丛书无疑当得起"中国传统文化的百科全书"的美誉了。这套书还邀约了大批相关的专家、教授参与并指导了稿件的编写工作。

应当指出的是，这套书在写作中，既钩稽、爬梳大量古代文化文献典籍，又参照近人与今人的研究成果，将宏观把握与微观考察相结合。在论述、阐释中，既注意重点突出，又着重于论证层次清晰，从多角度、多层面对文化现象与发展加以考察。这套丛书的出版，有助于我们走进古人的世界，了解他们的美好生活，去回望我们来时的路。学史使人明智。历史的回眸，有助于我们汲取古人的智慧，借历史的明灯，照亮未来的路，为我们中华民族的伟大崛起添砖加瓦。

是为序。

傅璇琮

2014年2月8日

前 言

《论语·学而》中说:"慎终追远,民德归厚矣!"生为始,死为终。生死是人生的大事,中国的先民从来就很重视。人们哀悼怀念死者,追怀早已远离尘世的亲友或有特殊贡献、特殊才能的人,其意义是深远的。

墓志铭就是哀悼怀念死者的一种特殊方式。墓志铭又称为"墓志",是一种碑刻的悼念性文字,一般由志和铭组成。志,多用散文叙述,借助墓志介绍墓主的姓名、籍贯、生平事迹,以及思想追求;而铭,多用韵语行文,赞扬逝者的功业成就,表达对逝者的悼念之情。墓志铭往往能反映当时的社会场景和生活情态,具有一定的文献价值。

墓志种类繁多,风格多样,良莠不齐。那些出类拔萃的经典,常常令人过目难忘。如《元桢墓志》全称《南安王元桢墓志》,刻于北魏太和二十年(496年)八月二日。该墓志是目前所发现北魏墓志中最早的一块,书法劲健遒美,笔法俊逸婉畅,结构谨严缜密,点画坚实快利,雄强而秀雅,是北魏墓志书法之精品,是北魏体形成初期的代表作。又如《刁遵墓志》,亦称《刁惠公墓志》。其笔画典雅秀美,起、收和转折,无北魏书法之极力顿挫,而以圆润出之。行笔自然,笔线圆融秀丽，无做作之气，方而圆，劲而柔，取势排宕，意态庄和，极具阳刚和阴柔之美。结构体态端和，风神爽朗，既有北朝之茂密，又有晋人之空灵异趣。此志将南朝书风与北魏书风之长融为一体，形成自己的特色，从而成为北魏墓志中最上乘者，备受推崇。历代遗存的墓志经典数不胜数。

以永久性的方式记录墓主的生平、特殊贡献、功业成就，是对文化的一种继承，教导后人应从死者的为人与事业中汲取精神力量。推而广之，它可以形成一股厚重的凝聚力量。我们应予充分重视，有必要对它进行深入探讨和研究，展示、赞赏它的杰出辉煌成就，传承伟大的中华民族悠久光辉的文化，让优秀的民族文化永久发光！

目 录

第一章　中国古碑与墓葬文化

第一节　历代碑文化 …………………………………………… 002

碑的起源 ………………………………………… 002
先秦刻石的出现 ………………………………… 005
秦代刻石的发展 ………………………………… 007
稀少的西汉碑刻 ………………………………… 011
东汉禁碑下的繁盛 ……………………………… 015
唐代御碑兴盛 …………………………………… 019
灿烂的宋碑 ……………………………………… 028
倡帖轻碑的元代 ………………………………… 035
被冷落的明碑 …………………………………… 039
清代碑学的复兴 ………………………………… 042

第二节　碑的分类 ……………………………………………… 052

功德碑 …………………………………………… 052
墓　碑 …………………………………………… 053
其他类型的碑 …………………………………… 054

第三节　中国古代墓葬 ··· 057

坟墓的发展 ·· 057
墓葬的变迁 ·· 060
墓地的选择 ·· 065
墓葬的棺椁 ·· 072
安葬的方式 ·· 078

第二章　中国古代墓碑

第一节　墓碑的由来与兴起 ································· 110

墓碑的由来 ·· 110
墓碑的兴起 ·· 115

第二节　墓碑的形式与内容 ································· 120

墓碑的形式 ·· 120
墓碑的内容 ·· 121

第三节　帝王陵墓碑 ··· 126

皇陵下马碑 ·· 127
帝王神功圣德碑 ·· 128
皇陵神道碑 ·· 130
帝王后妃陵墓标示碑 ··· 132

第三章　中国古代墓志铭

第一节　从志墓到墓志 ······································· 140

墓志定名 ………………………………………… 140
　　墓志的形成 ……………………………………… 141
　　墓志的勃兴 ……………………………………… 147

第二节　墓志铭的内容和文体 ……………………… 149
　　墓志铭的内容 …………………………………… 149
　　墓志铭的文体 …………………………………… 150

第四章　墓志铭知多少

第一节　历代墓志 …………………………………… 154
　　晋代墓志 ………………………………………… 154
　　北魏墓志 ………………………………………… 156
　　隋代墓志 ………………………………………… 162
　　唐代墓志 ………………………………………… 168
　　近代墓志 ………………………………………… 170

第二节　历代名人墓志铭 …………………………… 174
　　庾信·周大将军闻喜公柳霞墓志铭 …………… 174
　　韩愈·试大理评事王君墓志铭 ………………… 178
　　韩愈·柳子厚墓志铭 …………………………… 181
　　白居易·元稹墓志铭 …………………………… 184
　　欧阳修·尹师鲁墓志铭 ………………………… 189
　　欧阳修·梅圣俞墓志铭 ………………………… 192
　　王安石·王深父墓志铭 ………………………… 195
　　王安石·泰州海陵县主簿许君墓志铭 ………… 197
　　苏轼·亡妻王氏墓志铭 ………………………… 198

祝允明·唐子畏墓志并铭 ··· 200

王阳明·徐昌国墓志 ·· 204

归有光·沈贞甫墓志铭 ·· 207

王猷定·钱烈女墓志铭 ·· 210

王夫之·自题墓石 ·· 212

朱彝尊·叶妪冢铭 ·· 213

方苞·杜苍略先生墓志铭 ·· 215

方苞·陈驭虚墓志铭 ·· 217

姚鼐：袁随园君墓志铭 ·· 219

参考书目 ··· 223

第一章
中国古碑与墓葬文化

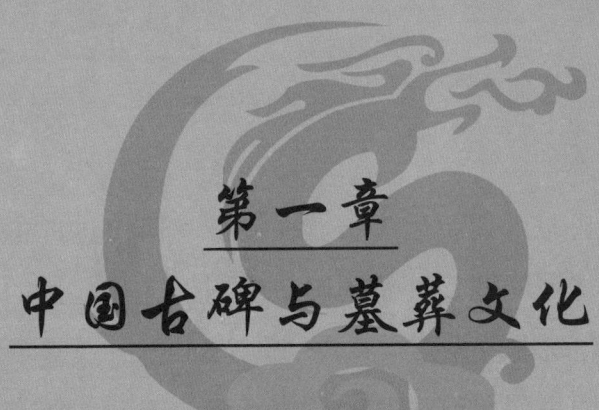

刻上文字用以纪念事业、功勋或作为标记的石头，称为碑。秦代称为刻石，汉代以后称为碑。《释名·释典艺》中说："碑，被也。此本葬时所设也。施鹿卢以绳被其上，引以下棺也。臣子追述君父之功，美以书其上，后人因焉。无故建于道陌之头显见之处，名其文就谓之碑也。"

第一节　历代碑文化

■ 碑的起源

关于碑的起源可谓源远流长。在漫长的历史进程中，碑究竟始于何时？弄清楚这个问题，关系到确定中国碑文化起始的源头，因此是深入进行碑文化研究首先必须解决的一个问题。

根据对我国古代典籍记载的研究考溯，碑并非如有些意见所说始于秦代的刻石或汉代的墓碑，而是早在春秋时期即已有之。

汇编了春秋、战国时代一部分礼制的《仪礼》，是重要的儒家经典之一，专家考定为战国初期至中叶间成书，其中就有关于碑的记载。《仪礼·聘礼》曰："东面北上，上当碑南陈。"东汉著名学者郑玄注："宫必有碑，所以识日景，引阴阳也。凡碑，引物者，宗庙则丽牲焉以取毛血，其材，宫、庙以石，窆用木。"《礼记》是秦、汉以前各种礼仪论著的选集，大率是孔子弟子及其再传、三传弟子等所记儒家经典，相传为西汉学者藏圣编纂，全书共有四十九篇，也有不少关于碑的记载。诸如《礼记·祭义》曰："祭之日，君牵牲，穆答君，卿大夫序从。既入庙门，丽于碑。"郑玄注："丽犹系也。"唐代著名经学家孔颖达疏："君牵牲入庙门，系著中庭碑也。王肃云，以紖贯碑中。"《礼记·檀弓下》曰："公室视丰碑，三家视桓楹。"郑玄注：

"丰碑，斫大木为之，形如石碑，于椁前后四角竖之，穿中，于间为鹿卢（辘轳），下棺以绋绕。天子六绋四碑，前后各重鹿卢（辘轳）也。非石而亦曰碑，假借之称也……"《仪礼》和《礼记》的这些记载及郑注、孔疏都清楚地表明，早在春秋、战国时期就已经有碑，当时的碑共有三种：一种竖在宫廷院内，用以测量日影计时；一种竖在宗庙里，用以系拴用作祭祀用品的牲口；一种竖在墓穴四角，上有穿孔用以安装辘轳，牵引绳索将棺材放入墓穴中。

史称"五经无双许叔重"的汉代著名学者许慎，在《说文解字》中说："碑，竖石也。"汉代著名训诂家刘熙，在《释名·释典艺》中云："碑者，被也。此本葬时所设也，施鹿卢（辘轳）以绳被其上，引以下棺也。"他们的这些解释，与《仪礼》《礼记》的记载及郑玄盼注、孔颖达的疏是相一致的，是对《仪礼》《礼记》的记载和郑注、孔疏的有力印证。

明代学者徐师曾在《文体明辨·碑文》中阐明："按：刘勰云：碑者，埤也。上古帝皇始号封禅，树石埤岳，故曰碑。周穆纪迹于弁山之石，秦始刻铭于峄山之颠，此碑之所始也。然考《士婚礼》'入门当碑揖'，注云：'宫室有碑，以识日影，知早晚也。'《祭义》云：'牲入丽于碑'，注云：'古宗庙立碑系牲。'是知宫庙皆有碑，所为识影、系牲之用。后人因于其上纪功德，则碑之所以来远矣。而仿效刻铭，则自周、秦始耳，后汉以来作者渐盛。"

▲ 汉代学者许慎像

现代著名考古学家、原故宫博物院院长马衡，在其所著《凡将斋金石丛稿·中国金石学概要》中指出："碑，用以刻辞，果始自何时？曰，始于东汉之初，盛于恒、灵之际，观宋以来之所著录者可知矣。"

很显然，尽管《仪礼》《礼记》中所说的春秋、战国时代的碑，不论是石碑还是木碑均很粗拙，其形制和用途也均与后世的碑有所不同，但是，我们绝不能因此而否认其是最初的原始的碑，它是后世的碑的始祖。后世的碑不论其有刻字，有图案，有一定的形制，如何的绚丽精美，都是由原始碑进化、演变而来的。把开始在碑上刻字即产生碑刻，与碑的产生混为一谈，将刻有文字的碑的产生视为碑的起始，而无视早在春秋战国时代即已有之的用作测量日影计时、系拴牲口和牵绳下棺的无字"竖石"是碑的始祖，是最早的原始碑，将它们排斥于"碑"的范畴之外，显然是不妥的。正如今天，不论人类文明发展到了何种高度，我们仍不能因此而否认坚韧锋利无比的现代钢斧，是由石器时代人类始祖所发明的粗拙的石斧演变、进化而来的一样。那种把后来经历史演变才在无字"竖石"原始碑的基础上发展产生的有文字的碑刻，视为碑的起源的看法，显然是忽略了事物起始的源头，犯了以"流"代"源"的错误，似不足取。

刻有文字的碑的兴起是在汉代，但这并不是说汉代以前没有石刻文字，只是在汉代以前石刻文字不称为碑，而是称为"刻石"。关于这一点，清代著名学者王筠在《说文释例》中亦曾作过明确的阐述，指出："秦之记功德也，曰立石，曰刻石。其言碑者汉以后之语也。"从无字、无一定形制的"竖石"原始碑，发展为汉代有"刻辞"、有一定形制的碑，经历了一千多年漫长的演化过渡时期，而"刻石"即是这一演化过渡时期中碑的主要表现形态。

■ 先秦刻石的出现

先秦时期是中国碑的胚胎期。在这一时期，除出现了的"识日景"的"宫中之碑"、"丽牲"的"庙中之碑"和"下棺"的"墓所之碑"这三种无字的"竖石"原始碑外，随着中国文字的发育成熟，坚硬的青铜、铁制雕凿工具的日渐广泛应用，和人们社会活动的日益增多，需要记载的事情越来越多，最早的石刻文字也随之应运而生，出现了与无字"竖石"原始碑相应的有刻字但无一定形制的另外两种原始形态的碑——刻石和摩崖石刻。

历来相传为先秦的刻石和摩崖有十余种：《岣嵝碑》《红岩碑》《坛山刻石》《夺山山刻石》《比干墓碑题字》《延陵季子墓碑》《周秦间刻石》《锦山摩崖》《蜀古篆碑》《峄山古刻》《中山国河光刻石》《石鼓文》《诅楚文》《福建华安仙字潭摩崖》《江西广昌古源石刻"天书"》《浙江仙居蝌蚪文摩崖》等。但据考，这些相传中的先秦刻石、摩崖，并非都是真正的先秦时期的，它们之中有些究只有传说，但从来无人见过实物或拓片的子虚乌有者；也有有实物、有拓片却是后人的假冒伪刻者；也有字迹诡怪难辨、无法确定确切年代者；但也有经过深入的考古研究，得到确认的真正的先秦时期的刻石。只有对相传的这些先秦刻石分清良莠，去伪存真，才能使真正的先秦刻石、摩崖这一极为珍贵的历史文化遗产，放射出绚丽的光彩。

1. 坛山刻石

根据查考，此石原在河北省西南部赞皇县的坛山上，故名。石上刻有篆书"吉日癸巳"四字，笔力颇遒劲，相传为公元前976年至公元前922年之间周穆王所刻。此石早已不存，宋仁宗皇祐五年（1053年）

▲ 坛山刻石

刘庄命石工凿取其字，珍藏于州衙，后又辗转入自己家中，但此摹刻本也已不存，现在赞皇县孔庙里存有南宋重刻本。根据对其刻字书法进行考证，专家们认为其书法近似唐代李阳冰。宋著名金石学家赵明诚在《金石录》中对此石的评价是："按穆王时所用皆古文、蝌蚪书，此字笔画反类小篆。又《穆天子传》《史记》诸书皆不载，以此疑其非是。"据此，可以基本断定此刻石并非真正的先秦刻石，系后人附会之伪刻。

2. 弇山山刻石

根据查考，此石即是南朝时梁朝著名文论家刘勰在《文心雕龙》中所说"周穆纪迹于弇山之石，秦始刻铭于峄山之巅，此碑之所始也"所指的刻石。弇山在今甘肃省，又名崦嵫山、弇嵫山。据先秦古书《汲冢书》之一《穆天子传三》记载："天子遂驱，升于弇山，乃纪兀迹于弇山之石，而树之槐，眉曰：'西王母之山'。"此事在《山海经·西山经》中也有记载。然而既无人见过此刻石，也无拓片传世，故究竟是否真有这一刻石，值得打一个问号。

3. 比干墓碑题字

根据查考，此石在河南省汲县，上有隶书四字，相传为孔子所书。但历代学者考证后认为此石是后人伪刻，因隶书在秦代才开始有，孔子根本不可能写隶书。宋代秦观考证后认为此刻石题字系出自唐人之手。清代金石学家叶昌炽断然否定此刻石题字为孔子手书，在《语石》

中提出质疑："《比干墓字》岂宣圣之遗迹？"据此，可以基本断定此刻石并非真正的先秦刻石，而是后人伪刻。

4. 锦山摩崖

根据查考，此摩崖石刻在朝鲜庆尚道，字迹极为难辨，无人能识，有人牵强附会地从石上考释出"上丁其子作洪范"七个字。朝鲜人相传为《秦徐寿题名》，也有的人认为是商代箕子所书。清浙江绍兴著名篆刻、书画家赵之谦考证后认为此说不可信，他在《补环宇访碑录》中认为此刻石荒怪不类文字，疑是石裂之纹。清叶昌炽《语石》认为："箕子就封之文，出于罗丽，半由附会，于古无征……"据此，可以基本断定此刻石非真正的先秦刻石，系后人附会之作。

5. 峄山古刻

峄山古刻据《文物》1957 年第 9 期载，系近人刘子衡等人发现于山东邹县峄山盘龙洞内，石上刻有古奥文字 3 行，共计 22 字。刘子衡、王献唐认为是战国时代的刻石。但有关学者考证后认为，此刻石气息不古，不能确定其是否为先秦刻石，即使是先秦刻石，其刻字时间也应当在"石鼓文"之后。

■ 秦代刻石的发展

秦始皇一生好大喜功，在其攻灭六国后，为了炫耀自己的"功德"和空前伟业，使自己"英名"能永垂青史及秦朝的统治能传之万世，多次出巡各地，屡次命丞相李斯等人刻石纪功，歌颂秦统一六国、进行种种建设的丰功伟绩，因此刻石有了很大的发展。

1. 秦始皇刻石

经过千百年的时间，秦始皇一统六国后刻石记功之事还被人们无

▲ 秦始皇嬴政像

数遍地陈述，但是仔细翻看相关的史料和文献，我们可以发现，至今仍然不清楚秦始皇到底是于何时何地刻石的。据记述，有人说秦始皇刻六石的，还有说刻七石或是八石的，对确切的刻石时间不确定，叙述也含糊其词。可谓众说纷纭，莫衷一是。诸如：

范文澜著《中国通史简编》云："秦始皇出巡，在重要地方刻石凡七次"，此书只笼统说秦始皇东巡刻七石，未列刻石时间和地点。

郭沫若主编《中国史稿》云："秦始皇自下令修建驰道那一年起到他死前的十年中，先后进行了五次大规模的出巡，并且在所到的名山胜地刻石记功。"此书只含糊其词说秦始皇"刻石记功"，而既不言秦始皇究竟刻几石，更不言何时何处刻石。

张传玺《中国通史讲稿》云："秦始皇在统一后的十一年中，曾五次外出巡游。第一次是在原秦国境内巡游，其他四次是巡游旧齐、楚、燕、赵、韩、魏等地，在邹峄山（今山东邹县）、泰山、芝罘（今山东荣成）、琅琊（今山东诸诚）、碣石（今河北昌黎）、会稽（今浙江绍兴）等处刻立石碑，谴责六国旧贵族的黑暗统治，歌颂始皇的统一功业，伸张秦法，宣扬始皇的威德。"此书仅说了秦始皇的六处刻石和刻石地点，未说何时刻石。

张光宾编著的《中华书法史》云："秦始皇统一天下以后，东巡时立石以颂功德。史记秦始皇本纪，对各处刻石文字，都有记录。公元前二一九年至二一一年间,共立六石。其中三石分立于山东峄山、泰山及琅琊台。公元前二一八年,复立二石于山东芝罘之芝罘山;公元前二一五年,立一石于河北碣石;最后于公元前二一一年立石于浙江会稽。"此书前云"共立六石",后详列又为峄山、泰山、琅琊台三石、芝罘山二石、碣石一石、会稽一石,共计七石,前后自相矛盾,不知其所云究竟以何为准?且所说"于公元前二一一年立石于浙江会稽"与《史记》记载不符,《史记》记载秦始皇立《会稽刻石》是始皇三十七年,即公元前210年。

《简明中国古代文化史词典》云:"秦始皇刻石指秦始皇五次巡行天下时所刻的七石,为峄山、泰山、琅琊、芝罘、东观、碣石、会稽七石。内容为颂德歌功之作,传为李斯所书小篆。"此书列秦始皇刻石地点和数量,但未言刻石时间。

梁白泉主编的《国宝大观》中李域铮撰写的《琅琊台刻石》条云:"秦始皇巡视全国,刻石计有《峄山刻石》《泰山刻石》《琅琊台刻石》《芝罘刻石》《东观刻石》《碣石刻石》《会稽刻石》等七种。"此书列明了秦始皇刻石的数量和地点,但未言刻石时间。

马永强主编的《中国书法词典·中国书法大事记》所列秦始皇刻石也是八石,刻石时间、地点也均与《中国书法大辞典》同。

从上述列举的这些记载中可以清楚地看出,对于秦始皇统一六国后究竟何时何地刻石几何,这个问题实际并未真正搞清楚。

实际上,秦始皇统一六国后刻石纪功所立之石是9块,共计有始皇二十八年(公元前219年)所立的《峄山刻石》《泰山刻石》、首块《芝罘刻石》《琅琊台刻石》;始皇二十九年(公元前218年)所立的《芝罘刻石》《芝罘东观刻石》;始皇三十二年(公元前215年)所立的《碣石门刻石》；始皇三十五年（公元前212年）所立的《东海上朐界刻石》和始皇三十七年（公元前210年）所立的《会稽山刻石》。

2. 中国历史上的第一个书碑名家

秦刻石的兴盛，孕育和造就了中国有史以来的第一个书碑名家李斯。相传秦始皇历次刻石，都出自李斯之手。

李斯（公元前284—公元前208年），字通古，楚国上蔡（今河南上蔡西南）人。年少时为郡小吏，曾从荀卿学习，入秦为客卿，后为廷尉以至丞相，助秦始皇定郡县制，在辅佐始皇统一中国起过重要作用，秦二世二年（公元前208年）为赵高所诬，被腰斩于咸阳。

李斯是一位政治家，也是一位文学家、文字学家和大书法家。李斯精通大篆，在秦始皇统一中国后，曾同胡毋敬、赵高等主持整理文字，以秦国通用的文字形体为主，对大篆删其繁冗，取其合理，创造了小篆，被后世称为"小篆之祖"。汉许慎在《说文解字·叙》中说：李斯"取史籀大篆，或颇省改，所谓'小篆'者也"。西晋卫恒在《四体书势》中也说："秦时李斯号为工篆，诸山及铜人铭皆斯所书。"

对于李斯书法，即对秦代刻石，历代一致评价极高。南梁袁昂《古今书评》对李斯的评价是"世为冠盖，不易施平"。唐张怀瓘《书断》称赞说："李君创法，神虑精微，铁为肢体，虬作骖騑，江海渺漫，山岳峨巍，长风万里，鸾凤于飞。""画如铁石，字若飞动，作楷隶之祖，为不易之法。"

▲ 书碑名家李斯像

张怀瓘将李斯的小篆列为"神品",将李斯的大篆列为"妙品"。唐韦续《墨薮》对李斯的用笔法赞不绝口,说:"夫书功之微妙与道合自然……凡书非但裹结,终籍笔力轻健……用笔之法,先急回,后疾下,鹰望鹏逝,信之自然,不得重改;送脚如游鱼得水,舞笔如景山兴云,或卷或舒,乍轻乍重,善深思之,此理可见矣';斯善书,自赵高以下,咸见伏焉。"唐李嗣真《书后品》赞叹说:"李斯小篆之精,古今妙绝。秦望诸山及皇帝玉玺,犹夫千钧强弩,万石洪钟。"明赵宧光《篆书指南》高度评价李斯的小篆:"秦斯为古今宗匠,一点榘度不苟,聿道聿转,冠冕浑成,藏奸猜于朴茂,寄权巧于端庄,乍密乍疏,或隐或现,负抱向背,俯仰承乘,任其所之,莫不中律。书法至此,无以加矣。"清康有为《广艺舟双楫·说分第六》赞誉说:"相斯之笔画如铁石,体若飞动,为书家宗法。"

李斯的书碑艺术出神入化,超凡脱俗,清杨守敬在《平碑记》中将他所书之碑评为"无上神品"并非溢美之词,后世之人将他所书之碑奉为楷则,的确当之无愧。

■ 稀少的西汉碑刻

西汉王朝统治230年,是秦代年限的15倍多,可是留存后世的碑刻数量却仅与秦刻石的数量相差无几,少得让人不可思议,而且其中极少丰碑巨制,这与其长达230年的历史和空前繁荣昌盛的经济、文化的发展极不相称。对此,明代毕生致力于研究碑刻的学者赵崡在《石墨镌华》中曾特别指出:"西汉石刻传者极少。"这一结论是在他对历代碑刻潜心收集、研究了几十年之后得出来的,绝非信口妄言之词。事实正是这样,现在我们所能见到的传世西汉碑刻少得可怜,以至于

▲ 王莽篡汉

连当时建筑工匠们在盖楼造墓时随意刻留在建筑石材上的刻石文字，今日也成了罕见的稀世珍品，为人们所宝藏。

按理说，汉室替代秦朝实现了空前大统一，国家空前昌盛繁荣，纪功颂德是完全可以大书特书的，再说承袭了秦始皇所开刻石纪功之风，西汉的统治者也是效而学之的，诸如汉武帝就曾东巡碣石山刻石观海等，而且西汉统治者从未发布过什么禁碑之令，碑刻应是相当多的，可是事实恰恰相反，西汉所留传下来的刻石竟是如此之稀少。

为什么会出现这种不合情理的反常现象呢？考其原因，主要是王莽篡汉所造成的恶果。对于这一点，1987年1月香港书谱出版社、广东人民出版社出版梁披云主编的《中国书法大辞典》附录里由郑明、黄简编的《中国书法史年表》，在"汉初始元年（8年）"中作过明确的说明："王莽代汉，建新。甄酆校文字部，改定古文，时有六书：古文、奇字、篆书、佐书、缪篆、鸟虫书。又新莽恶称汉德，凡所在有石刻者，皆令仆而磨之，不容略留，故西汉石碑鲜有存在。"根据分析，大约正是因为遭到过王莽这样毁灭性摧残和破坏，所以能逃过这场空前劫难，幸存传世的西汉刻石，特别是那些纪颂汉室功德的丰碑巨制，自然就绝无仅有，寥若晨星了。再加上年代久远，风雨雷电剥蚀侵袭，漫漶损毁严重，故而能留存至今者，自然是凤毛麟角了。

西汉碑刻传世者太少，故凡所存真正西汉碑刻，皆成珍贵的国宝，成为反映西汉碑文化发展状况的代表作，值得作一番研究介绍。

1. 群臣上寿刻石

《群臣上寿刻石》亦称《娄山石刻》，据清赵之谦《补寰宇访碑录》考定，系汉文帝后元六年（公元前158年）八月所立，为现存西汉刻石之最古者。清道光年间广平知府杨兆璜在河北永平县（今河北卢龙县）西30公里的娄山发现。石高1.72米，宽20厘米，上刻篆书"赵廿二年八月丙寅群臣上醻此石北"一行计15字。左右侧有北魏与唐人题字。张德容《二铭草堂金石聚》和陆增祥《八琼室金石补正》也有著录。据清刘位坦考，"赵廿二年"系赵王遂之年，相当于汉文帝后元六年，是年八月癸卯朔，二十四日值丙寅，正与刻石文字相符。此刻石虽为篆体，但其书法已由秦篆之长形演变为方形，某些笔画亦改圆转为方折，隶书笔意甚浓。通篇气脉贯通，率真、古朴而有生趣，但书写草率，远不若秦《泰山刻石》工整，清康有为《广艺舟双楫》对其评价颇高，认为此刻石"朴茂雄深，得秦相笔意"。

2. 鲁北陛石刻字

《鲁北陛石刻字》亦称《北陛刻石》《北陛石题字》，1942年山东曲阜城北灵光殿旧址出土，其文为"鲁六年九月所造北陛""六五乙"12字。该石原存北京大学，1980年移存山东曲阜孔庙东庑。该石系鲁灵光殿建筑用石，石长95厘米、宽42厘米，高19.5厘米。向上一面浅刻二浮雕壁纹，并刻"六五乙"三字，已有较多隶书笔意。前侧面刻菱形纹，后侧未加工。右端分为二部，下部剔去，是两块陛石的咬合处。刻字部位在石左端，宽42厘米，高19.5厘米，文四行，除第三行三字外，他行均二字，但其中的"月"字及"陛"中的"比"已为隶书。经中、日专家考证，"鲁六年"系指汉景帝之子刘余鲁恭王六年即景帝中元元年（前149年）。据《汉书》及《鲁灵光殿赋》等记载，鲁恭王刘余好治宫室，曾于曲阜建造了著名的灵光殿，殿与西京未央宫、建章殿同属当时国内著名建筑。西汉末年，未央宫、建章殿均被毁，唯灵光殿"岿然独存"，后来，灵光殿也鞠为茂草，不复存在，这块陛石即是当时灵光殿的阶石。此刻石的书体已由秦篆的长形演变为方形，为典型的早期汉篆，其书法拙朴宏浑。该刻石是我国文字由篆到隶转变阶段的典型代表作，其"月"字虽为隶书，但仍寓小篆笔意；两个"六"字，一作篆体，一作隶体；"九""所""造""陛"几字为隶书造型，而"鲁""北""五""乙"几字又携带小篆造型。这清楚地表明，西汉景帝中元年间是篆隶杂用的，正处于篆向隶跨越的阶段。

3. 霍去病墓石刻题字

《霍去病墓石刻题字》系陕西省文管会于1957年在陕西兴平县汉武帝茂陵西南窦马乡霍去病墓前整理其雕刻时发现。同时出土的刻石共有2处，一兽形石上刻有篆书"左司空"三字，一大石上刻有隶书"平原乐陵宿伯牙霍巨孟"10字，两石均镌刻年月，根据《汉书》卷五十五《霍去病传》记载，霍去病生于汉武帝建元元年（公元前140年），是汉武帝时大司马大将军卫青姐姐卫少儿之子，是西汉名将。他18岁为侍中，元狩二年（公元前121年），两次大败匈奴贵族，控制河西地区，切断匈奴与羌人的联系，打开了通往西域的道路。元狩四年（公元前119年），他同卫青一起击败匈奴主力，一直追至居胥山（今内蒙古苏克特旗以北）临翰海（今西伯利亚贝加尔湖）而还。他先后共6次出击匈奴，解除了西汉初年以来匈奴对汉王朝的威胁。汉武帝为了表彰他的卓著功勋，曾为他建造府第，他谢绝说："匈奴未灭，何以家为。"然而不幸的是这样一位杰出的少年英才，却不幸于汉武帝元狩六年（公元前 117 年）夭亡，享年仅 23 岁。根据史籍的这一记载推断，霍去病墓刻石当立于霍去病去世的汉武帝元狩六年无疑。《霍去病墓石刻题字》是迄今所发现的最早的一块隶书刻石，从石上所刻之字可以看出其书法已基本脱尽篆意，已大体上完成了由篆书向隶书的转化，只是还未真正形成汉隶的明显波磔。

■ 东汉禁碑下的繁盛

两晋沿袭魏制，未弛立碑禁令。晋武帝司马炎看到禁止立碑对遏制世家大族势力的扩张，抑制其影响的扩大具有重要作用，因此，沿袭曹操禁止立碑的禁令，于咸宁四年（278 年）下诏重申禁碑，曰："碑表私美，兴长虚伪，莫大于此，一禁断之。"此后，晋统治者又曾多次屡申碑禁，诸如晋安帝义熙元年（405 年），裴松之曾再次重申禁断立碑之义。不过，禁令并不能绝对贯彻。在清代及民国年间先后发现了西晋的重要碑刻。总的看来，传世碑刻甚少，墓志的数量则较前代大为增多。

东汉时期，厚葬和谀墓之风甚烈，广树墓碑的社会风气日盛，隶书艺术日趋成熟，碑刻不论在种类上还是数量上都有了很大的发展和增长，乃至出现了刘勰《文心雕龙·诔碑》所说"后汉以来，碑碣云起"的繁茂局面。在种类上，不仅由墓碑繁衍派生出了作记事、纪颂功德、刻载经文、祭神等用的多种石碑，而且还初步繁衍形成了由刻石、碑、碣、表、颂、石阙、石经、墓莂（买山地记）、摩崖、画像题刻、题字、题名、墓石等许多品种构成的"碑家族"群体。这些不同种类的碑刻繁衍，不仅使碑刻数量大大增加，而且更促使了碑文化的蓬勃发展。特别是楚汉灵帝熹平四年，经汉灵帝批准，由大书法家蔡邕等人书丹于石、艺人石匠精心镌刻的每块"高八尺、宽四尺"、多达48块的《六经》巨碑，立于太学讲堂之前，更使自汉顺帝以来出现的树碑立碣之风，呈现出前所未有的盛炽。《熹平石经》的书碑、刻碑、立碑过程，成为当时朝野内外，全国上下万众瞩目之宏举，碑文化所产生的影响之广、之深、之巨，由此而达到了史无前例的地步。据《后汉书·蔡邕传》记载，在《熹平石经》刻成立于太学门外后，"后儒晚学，咸取正焉。及碑始立，其观视及摹写者，车乘日千余辆，填塞街陌"，真可谓盛况空前。

东汉碑刻的种类和数量都大大增加，再加其后亦未发生过类似"王莽毁汉碑"这类事情，因此，东汉留存于后世的碑刻数量，较之西汉多得多，且其中丰碑巨制众多。南宋嘉定五年（1212年）刊印的娄机撰《汉隶字源》重修本中，所载东汉碑刻还有300余种，数量甚为可观。

由于自然的和人为的原因，碑刻不断遭到毁坏，乃至亡佚，到清代所存的东汉碑刻只剩下一百几十种。据查考，在宋欧阳修《集古录》和赵明诚《金石录》中有确切著录的东汉碑刻，如今早已亡佚，且无拓本传世的约有90多种，还有20多种东汉碑刻原石已佚，仅尚有拓本存世或摹刻、重刻存世。

然而甚为可喜的是，20世纪以来，随着考古发掘工作日益受到重视和广泛开展，许多东汉碑刻相继出土面世。诸如：1901年7月在云南昭通出土了刻于东汉和帝永元八年（96年）的《孟孝琚残碑》；

▲ 蔡邕像

1903年在山东莒县出土了刻于东汉顺帝汉安三年（144年）的《宋伯望分界刻石》；1908年在河南开封发现了《偃师刑渠等字画像题字》；1911年在陕西长安出土了《朝侯小子残碑》；1913年在河南安阳出土了刻于东汉安帝元初二年（115年）的《子游残石》和《贤良方正等字残石》；1913年在朝鲜平安道龙冈郡（汉时为乐浪郡积弹县）发现了《平山君碑》；1919年在河南发现了《汉酸枣令刘熊碑》；1921年左右在河南洛阳出土了刻于东汉灵帝建宁元年（168年）的《曹椽史等字残石》；1922年在河南洛阳出土了《熹平石经》残石《三重编钟残碑》《袁博碑》；1926年在河北磁县出土了《处士等字残石》；1926年左右在四川雅安出土了刻于东汉献帝建安十七年（212年）的《上计史王晖造石椁题字》；1926年发现了刻于东汉安帝永初元年（107年）至灵帝熹平二年（173年）的黄肠石；1927年在河南洛阳、孟津、偃师三地接壤处王密村出土了《贾仲武妻马姜墓石》；1929年发现了刻于东汉和帝永和四年（92年）的《袁安碑》；1932年在河南偃师出土了刻于东汉和帝永元十年（98年）的《东曲里通利水大道刻石》；1937年在河南南阳出土了《赵菿残碑》；1942年在山东东阿县出土了刻于东汉恒帝永兴二年（154年）的《芗他君祠堂刻石》；1943年在青海省乐都县老鸭城出土了刻于东汉灵帝光和三年（180年）的《赵宽碑》；1956年在山东肥城县出土了刻于东汉章帝建初八年（83年）的《肥城汉画像石阙题字》，在河北正定县出土了刻于东汉光武帝建武三十年（54年）的《中山简王刘焉墓石》，在云南昆明南郊出土了刻于东汉安帝延光四年（125年）的《延光四年界石》；1957年在陕西绥德出土了刻于东汉和帝永元十五年（103年）的《郭稚文墓画像题字》；1958年在河南南阳出土了刻于东汉桓帝延熹二年（159年）的《张景造土牛碑》，在山西运城发现了《运城吉铜矿摩崖题字》；1964年在北京西郊发现了刻于东汉和帝元兴元年（105年）的《幽州书佐秦君神道阙》（又称《乌还哺母等字残石》；1966年在四川郫县发现了刻于东汉顺帝永建三年（128年）的《玉孝渊墓碑》；1970年在江苏徐州出土了刻于东汉和帝永元十四年（102年）的《彭城王墓封石》；1971年在陕北米脂出土了刻于东汉安帝永初元年（107年）的《牛文明墓室题字》；1973年在山东苍山县出土了刻于东汉桓帝元嘉年（151年）的《元嘉元年画像题记》，在河南南阳出土了刻于东汉灵帝建宁三年（170年）的《许阿瞿墓记》，在天津出土了《鲜于璜碑》；1974年在四川都江堰发现了刻于东汉灵帝建宁元年（168年）的陈壹造《李冰石像题记》；1975年在河南密县出土了"未萃先古"等字残石；1976年在山西临猗县出土了刻于东汉灵帝建宁元年（168年）的《建宁残碑》；1980年在四川成都东郊发现了刻于东汉和帝永元六年（94年）的《王文康阙》和刻于和帝永元九年（97年）的《王君平阙》；1992年在山东荣成市马道镇发现了《伟德山郑玄摩崖题刻》；1995年在陕西华阴市西岳庙出土了刻于东汉桓帝延熹八年（165年）的《西岳华山庙碑》残石等。1996年初在四川三台县永明乡的一座大型崖墓中，发现了东汉永和年间（136—141年）的"永和""善言者无饭口干"等字整壁题刻。

由于上述碑刻的出土和发现，从而使东汉碑刻存世的数量有了较多的增加。据查考，目前散存于全国各地、经专家鉴确认的东汉碑刻有230余种。

刘韬墓碑

此碑系晋代使持节都督青徐诸军事征东将军关中侯刘韬的墓碑，清乾隆初年在河南偃师县杏园庄掘井时挖出。原被弃置于一百姓家，清乾隆四十八年（1783年）被偃师县令武亿发现收存，并仿刻一石。清道光二十七年（1847年）原石归介休县马氏所得，后此石不知去向。此石在一些金石、书法书中也被称为《刘韬墓志》，这其实是一种误称，因为此石高二尺余，上锐下平，圭首方趺，是一块碑形墓志式的介于墓志与墓碑间的小碑。碑文为隶书5行，满行13字，文曰："晋故使持节都督青徐诸军事征东将军军司中关侯刘府君之墓，君讳韬，字森伯，叔考处士君之元子也。夫人沛国蔡氏。"共计仅47字，文字如此简略，这在晋代墓志中颇为少见，字体为方整形隶书，结体方正，体势内敛，谨严端庄，用笔方整中带圆润，刚劲中含婀娜，平淡中藏奇逸，是晋隶中之佳作。这在结字和用笔中已杂糅楷法，其取法与《皇帝三临辟雍碑》颇有相类之处，可以说，从字体上也可以看出一些汉隶向唐隶演化变迁之迹。

■ 唐代御碑兴盛

由于隋炀帝荒淫无度，隋末民怨鼎沸，群雄并起而讨之。从太原起兵的李渊，在其次子李世民的辅佐下，趁乱占据长安，618年受隋恭帝禅而统一天下，建立唐朝。

唐代是我国历史上最辉煌的鼎盛时期，特别是贞观之治、开元盛世之际，经济、文化空前繁荣，作为中国传统文化重要组成部分的碑文化，在这一历史时期，受到了以皇帝为代表的最高封建统治者及达官显贵们的前所未有的高度重视和竭力提倡，从而使碑文化的发展在这一时期达到了我国历史上空前绝后的鼎盛期。

1. 帝王倡碑，御碑兴盛

碑作为一种既易予取材，又坚硬耐磨，不易损坏、能垂之久远的文字载体,具有别的载体所没有的独特功能和价值,因此受到企望永垂青史、流芳百世、万年不朽的帝王青睐,与帝王结下了不解之缘。不少帝王都亲撰亲书,勒石立碑,涌现出了许多在中国碑文化发展史上具有独特地位的御碑,在清以前,御碑最为兴盛的是唐代。

唐太宗李世民。唐高祖李渊系隋代西凉王李暠之后,自少受到严格的教育,喜好临池,写得一手好字。唐太宗李世民武功韬略超群,文才出众,酷嗜书法,并具有很高的艺术造诣。为了追求书法艺术的高境界,推动书法艺术的发展,他不遗余力地蒐求鉴藏南朝诸名家墨迹,特别是对王羲之的书法嗜爱到了着迷的程度,乃至留下了遣萧翼去僧人辨才处骗赚《兰亭序》的千古逸事,和将《兰亭序》等大量王羲之书作陪葬入昭陵的千古憾事,同时,他还身体力行,大力倡碑,亲自写碑书丹。他写《晋祠铭》等碑,首开以行书、飞白入碑之先河,成为中国碑文化发展史上的创举。虽隋《经籍志》载南朝梁元帝萧绎曾撰写过碑文,但并无实物传世,现有实物传世的中国历史上第一个亲撰碑文的皇帝是唐太宗。唐太宗还在群臣中广为倡导和普及书法,专门设立了弘文馆以书取士,并传习书法、碑刻艺术。据《唐六典》卷八"弘文馆学士"条记载,唐太宗于贞观元年(627年),诏令现职之京官,不论文职武职,凡列五品以上,

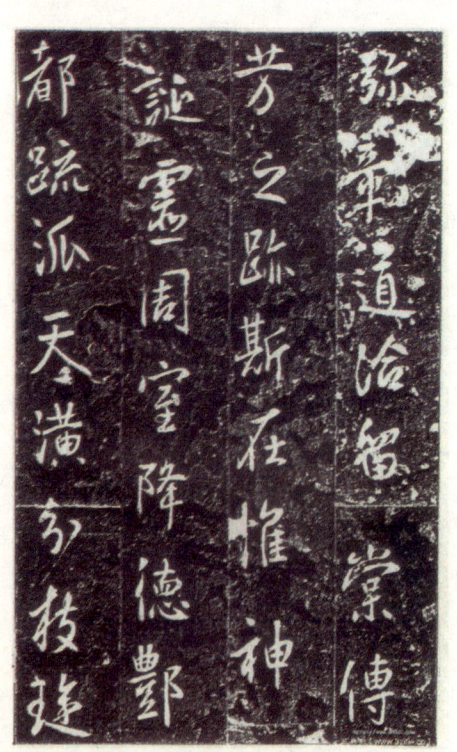
▲ 唐太宗李世民的《晋祠铭》

喜学书法，且笔法稍佳，具有发展潜能者，皆准到弘文馆聆听书法之讲授。由唐太宗敕命当时最负盛名的书法家、书碑大家欧阳询、虞世南负责教授楷法。从而使朝野士庶，书风大盛，大大促进了包括碑碣书丹在内的书法艺术的发展。

唐太宗不仅自己酷爱王羲之书法，而且让自己的儿孙们也都学习王羲之书法。据史籍记载，他每次得到王羲之佳作后，都要让太子李治临摹，并且要临写500本之多。所以唐高宗李治也写得一手好字，而且对写碑书丹颇感兴趣，继位后，先后书写了《大唐纪功颂》《万年宫铭》等多块名碑。

唐太宗一生亲撰亲书了许多御碑，至今尚有《秦王告少林寺教主碑》《祭比干文》《晋祠铭》《温泉铭》和《圣教序》等碑留存于世。

河南登封县嵩山少林寺始建于北魏孝文帝元宏太和二十年（496年），以中国佛教禅宗祖庭和少林拳法阔名予世。隋、唐之际，少林寺僧参与了李唐王朝反隋的斗争，助唐有功，受到当时为秦王、后登基即皇帝位的唐太宗李世民的封赐。《秦王告少林寺主教碑》的内容即是关于这一历史事件的记载。此碑亦称《少林寺柏谷坞庄碑》《唐文皇告少林寺书》，唐高祖武德四年（621年）刻立于少林寺，由秦王李世民撰写碑文，未署书者姓名，楷书39行，每行8字，首行题"皇唐太宗文皇帝赐少林寺柏谷坞庄"，下为"御书碑记"，第四行"世民"二字草书。明王世贞《弇州山人稿》认为此碑"当是幕僚笔，内'世民'二字行草是亲押耳。"此碑尽管"书法不甚工，而亦不俗"（明王世贞语），就书法价值而论，并非上乘佳作；就史料价值来讲，还是不应忽视的。

其后的武则天、唐中宗、唐睿宗、唐玄宗等几世皇帝，都不仅钟情书法，而且对写碑书丹也极为爱好和重视，尤其是武则天一生立了多块名碑，直到76岁高龄时，还效法唐太宗书《晋祠铭》，操笔书丹于石，以飞白书题额，以草书写碑文，写下了二千余字的《升仙太子碑》，在中国碑文化发展史上首开草书入碑之先河。正因为唐代帝王重碑蔚然成风，故而唐代涌现出了许多或由皇帝亲自撰文或由皇帝亲自书丹，或撰文、书丹都出自皇帝之手，或由皇帝降旨敕建的御碑。从而使唐代出现了前所从未有过的御碑勃兴、空前繁茂的局面。这些御碑，犹如颗颗璀璨的珍珠，在中国碑文化历史长河中放射出引人瞩目的耀眼光华，成为唐代碑文化繁荣兴盛的一个重要标志和一大特色，为后世留下了弥足珍贵的瑰宝。

2. 书刻名家，高手辈出

碑的繁荣兴盛与书法艺术的繁荣兴盛是相辅相成的。唐代书法艺术的繁荣，促进了唐代碑文化的繁荣，碑文化的高度繁荣兴盛，又进而孕育和造就了大批成就卓然的书碑名家和众多刻碑高手。唐代是中国历朝历代中碑文化最为繁荣兴盛的一个朝代，孕育和造就的书碑、刻碑高手，在中国历朝历代中也是最多的。唐代的书碑名家和勒碑刻碑高手，在当时曾名著一时的多达数百人而名垂青史。迄今还有名碑流传于世的书碑名家和刻碑高手，仍多达数十上百。

（1）欧阳询。欧阳询（557—641年），字信本，潭州临湘（今湖南长沙）人，因其父广州刺史欧阳纥以谋反被诛，自幼由陈尚书令江总收养。欧阳询相貌很丑陋，但自幼却聪颖绝伦，饱读经史，博览古今，唐高祖时官给事中，后至银青光禄大夫、太子率更令、弘文馆学士。封渤海县男。其书初学二王（羲之、献之）和三公郎中刘珉，八体尽能，尤工正、行书，后渐变其体，笔力险劲，自创一格，独树一帜，人称"欧体"，人传以为法书范本，书名远播域外，高丽亦遣使来求其书。唐张怀瓘《书断·书断中》称赞其书法："八体尽能，笔力险劲，篆体尤精……飞白冠绝，峻于古人，有龙蛇战斗之象，云雾轻笼之势，风旋电激，掀举若神。真行之书虽出于大令，亦别成一体，森森焉若武库矛戟，风神严于智永，润色寡于虞世南。其草书跌宕流通，视之二王，可为动色。"欧阳询的书法艺术之所以能达到如此之高的境界，痴迷地刻苦钻研，孜孜不倦地执着追求是重要原因之一。据《白孔六帖》记载：欧阳询曾奉太守之命出使商丽（即今朝鲜），在他从高丽回归时，途经荒郊野地，蓦然看到乱草蓬蒿中隐约露出一段碑石。他立刻停下马来拨开荆棘观看，发现原来是晋代著名书法家索靖的草书碑，不禁喜出望外，看了很长时间才依依不舍地骑马离去。他一边走一边揣摩那碑上的字，越揣摩越觉得意味醇厚，在走了数百步后又重新返还到碑前，下马拔掉蒿草仔细观看。站着疲劳了，就盘坐于碑前，

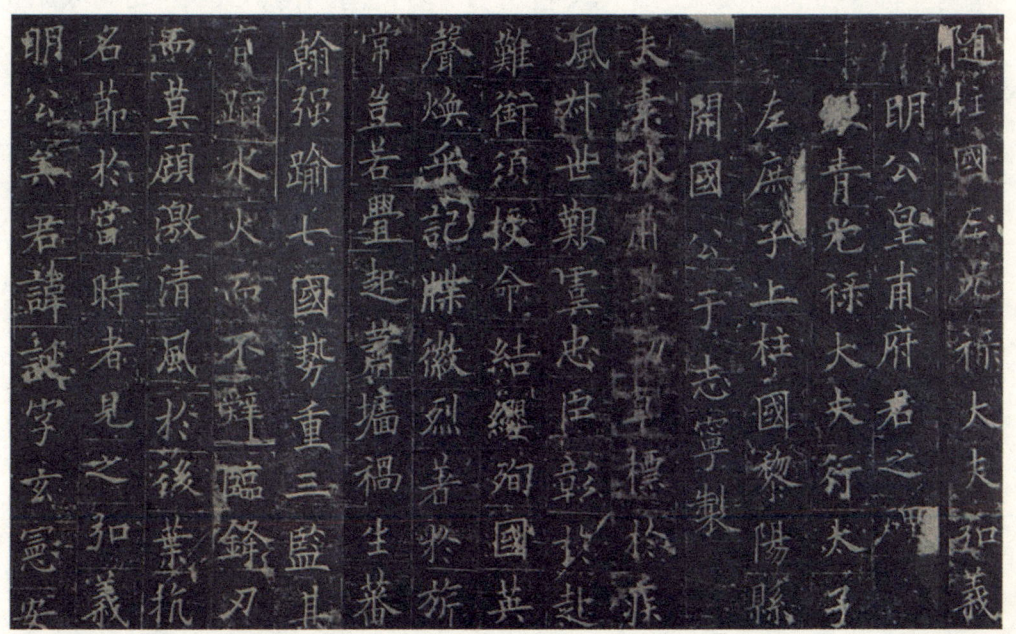

▲ 欧阳询的《皇甫诞碑》

聚精会神地反复揣摩研究。他越看越觉得索靖这块碑上的书法出神入化，意味无穷，便就地临摹碑上的书法，直至暮色苍茫，就干脆打开所带的行囊，卧宿于碑旁。这样一连三日，直到把索靖的书法艺术揣摩得烂熟于心，"欣然若有所得"才离去。其对前辈名家碑刻的观摩研究痴迷到如此程度，千百年来一直被传为美谈，享誉于中国碑文化史。所书传世名碑主要有《化度寺碑》《房彦谦碑》《九成宫醴泉铭》《温彦博碑》《皇甫诞碑》等。

（2）虞世南。虞世南（558—638年），字伯施，越州余姚（今属浙江省）人，仕隋为秘书郎，入唐官至秘书监，贞观七年（633年）赐封永兴公，人称"虞永兴"。其书法幼年承王羲之后裔智永禅师亲授，得王书真传。因唐太宗李世民酷爱"二王"书法，故他深受唐太宗青睐，其书名亦由此大噪。他工楷、行、草书，与欧阳询、褚遂良、薛稷并称"初唐四大家"。据《新唐书·虞世南列传》载："帝（太宗）每称其五绝：一曰德行，二曰忠直，三曰博学，四曰文词，五曰书翰。世南好学书于浮屠智永，究其法，为世秘爱。"唐张怀瓘《书断》谓："其书得大令（王献之）之宏规，含五方之正色，姿荣秀出……"《书断》评其楷、行书为妙品，与欧阳询势均力敌，若论众体皆能，虞不逮欧，然虞书内含刚柔，欧书外露筋骨，君子藏器以虞为优。所书传世名碑有《孔子庙堂碑》等。

（3）褚遂良。褚遂良（596—658年），字登善，钱塘（今浙江杭州市）人，博涉文史，工隶、楷，很受欧阳询器重。虞世南死后，太宗无论书者，魏征将其举荐给太宗。当时，御府高价收购王羲之书迹，天下争相进献，但莫能辨其真伪，褚遂良备论所出，无一舛误。太宗时，他历任谏议大夫、兼知起居事、中书令等职；高宗即位迁尚书右仆射，封河南郡公，人称"褚河南"。后因坚决反对立武则天为皇后,累贬爱州刺史,忧郁而死。褚遂良书诣极深,与欧阳询、虞世南、薛稷并称"初唐四大家",唐张怀瑾《书断》谓其"少则服膺虞监(虞世南),长则祖述右军(王羲之),其书甚得其媚趣,若瑶台青锁,窗映春林,美人婵娟,似不胜罗绮,铅华绰约,甚有余态"。所书传世名碑有《伊阙佛龛碑》《孟法师碑》《房梁公碑》《雁塔圣教序》《同州圣教序》等。

(4) **李世民**。李世民(598—649年),陇西成纪(今属甘肃省)人,唐高祖李渊次子,继位为太宗谥文皇帝。在位22年,政治文教、社会经济皆有辉煌成就,同时对中国书法艺术和碑文化的发展也作出了杰出的贡献,变古制今,开一代风气。唐太宗爱好书法,尤好王羲之书法。据史籍记载,贞观初年,唐太宗曾下诏全国民间购求王羲之书迹,人间购募殆尽,约得3000余纸,然后以"1丈2尺"为一轴,置于内室,在日理万机之暇,朝夕观览、摹学。王羲之最著名的《兰亭序》真迹,原在山阴僧辨才处,唐太宗得知这一消息后,就煞费苦心地派近臣萧翼乔装后设计从辨才那儿赚了来,乃至死时留下遗嘱将《兰亭序》作为殉葬品和他一起葬入了昭陵。他如痴如迷地钻研摹学王书,颇得王书遗意,成为一个书法艺术高超的书法家,并在中国碑文化发展史上首开行书入碑之先河,开一代风气,对后世碑文化的发展产生了很大的影响。所书传世名碑有《晋祠铭》和《温泉铭》。

(5) **武则天**。武则天(624—705年),名曌,并州文水(今山西文水县东)人,十四岁时被唐太宗选入宫中立为才人,太宗死,削发为尼。高宗立,复名入宫,册立为后,独揽朝政。高宗死后,她临朝称制,自称圣神皇帝,改国号为周,史称武周。武则天才智过人,能诗文,爱好书法,曾收集王羲之一族的书作,命晋王导十世孙王方庆刻成《万岁通天帖》，以示群臣。其书学方庆祖父等人，得王方庆家藏王氏一门二十八人法帖，拓摹把玩，笔力益进，颇得王羲之之风韵。《偃师县志》称："其行书有丈夫气。今观其草法极工，有乌丝方格，尚似章草及皇篆书。"所书传世名碑有《升仙太子碑》，首开行草书入碑之先河。

（6）颜真卿。颜真卿（709—785年），字清臣，琅琊临沂（今属山东省）人，开元中进士，累迁侍御史，为杨国忠所恶，出为平原太守，故世称颜平原。代宗时再迁至尚书右丞，太子太师，封鲁郡开国公，故亦人称颜鲁公。德宗时，李希烈叛乱，宰相卢忌衔恨使其前去劝谕，为李希烈所留，忠直不屈，被缢杀。颜真卿自幼孤贫，乏纸笔，以黄土扫墙习学书字。其书法除得自家学外，最重要的是还得到过张旭的指导，先后下工夫学习过蔡邕、王羲之、王献之、褚遂良等人的书法，在学习中他有舍有取，推陈出新，终于自成面目，自成一格，创造出了雄强茂密、浑厚刚劲、端庄雄伟、气势开张、雍容大方、笔力遒劲的"颜体"，为世所宝重，与后来的柳公权的"柳体"并称"颜柳""颜筋柳骨"，对后世影响极大。其人品书法后世都极为敬重。宋朱长文《墨池编》谓："观《中兴颂》则闳伟发扬，状其功德之盛；观《家庙碑》则庄重笃实，见其承家之谨；观《仙坛记》则秀颖超举，象其志气之妙；观《元次山铭》则淳涵深厚，见其业履之纯。点如坠石，画如夏云，钩如金戈，如发弩，纵横有象，低昂有态，自羲献以来，未有如公者也。鲁公自张旭得笔法，尝作笔法十二意，其后怀素、柳公权及宋元以后诸名家，具传其法。"在历代诸名家中，他是所书传世名碑最多的一个，主要有《多宝塔感应碑》《东方朔画赞碑》《谒全天王祠记》《鲜于氏离堆记》《郭家庙碑》《逍遥楼刻石》《麻姑山仙坛记》《大唐中兴颂》《宋琨碑》《八关斋会报德记》《元结墓碑》《臧怀恪碑》《干禄字书》《李元靖碑》《殷夫人碑》《颜勤礼碑》《颜家庙碑》等。

（7）柳公权。柳公权（778—865年），字诚悬，京兆华原（今属陕西省）人，唐宪宗元和初年进士及第，累官至太子太保，封河东郡公，故世称"柳河东"。工书，尤以楷体著名。其书法最初由羲之书法入手，后专学欧、颜，既继承了颜体雄壮的特点，又继承了初唐的秀媚书风，创造出了具有自己独特艺术风格的柳体，与颜真卿并称为"颜柳"和"颜筋柳骨"。柳公权在当时书名极盛，许多外国使者专门带着财宝来求购他的书法作品，朝廷中公卿大臣家庙的碑志都来求其书写，如果得不到由柳公权所写的碑志的话，人家就会骂他的子孙不孝。唐文宗一次曾与学士联句，命柳公权题于殿壁，字方圆5寸，文宗看了感叹地说，即使钟、王复生也无以复加。宋朱长文《续书断》谓其"正书及行楷，皆妙品之最，草不失能，盖其法出于颜，而加以遒劲丰润，自名一家"。柳公权不仅书法出类超群，其人品也极为高尚，为人极为正直，据明陶宗仪《书史会要》记载，唐穆宗曾问柳公权用笔如何才能尽善，柳公权回答说：用笔在心，心正则笔正。穆宗听后为之改容，知道柳公权是在"笔谏"。此事备受世人称道，故世人亦称柳公权为"谏议"。柳公权一生所书碑版极多，传世名碑主要有《大达法师玄秘塔碑》《神

▲ 唐代书法家柳公权像

策军纪圣德碑》《金刚经刻石》《李成碑》《冯宿碑》《苻璘碑》《刘沔碑》《魏先公庙碑》等。

■ 灿烂的宋碑

公元960年，宋太祖赵匡胤通过陈桥兵变，黄袍加身，夺取后周政权，建立宋朝，结束了五代十国时期的封建割据局面。宋朝立国后实行文治，以恢宏固有文化为立国大计，作为中国优秀传统文化重要组成部分的碑文化，虽然在宋代未能出现唐代那样的鼎盛局面，但还是得到了较好的继承和弘扬，保持了一定的繁荣局面。宋代碑刻不论在数量上还是质量上，虽都无法与唐代相媲美，但由于宋代毕竟离唐不远，盛唐的巨大影响还强烈地存在，因此盛唐碑刻的许多精萃，在宋代碑刻中依然被承袭下来并得以弘扬。从总体上来讲，宋代碑文化远不如唐代碑文化那样繁荣兴盛和灿烂辉煌，但在某些方面，宋代碑文化在承袭唐代碑文化余绪的基础上还有了一定的发展。

▲ 宋太祖赵匡胤像

1. 宋代的御碑

盛于唐代的帝王御撰御书碑刻，宋代的帝王们加以继承和弘扬。据考，宋太祖、真宗、仁宗、徽宗、高宗、孝宗等都曾刻立过御撰御书碑，其数量虽没有唐代那样多，影响也没有唐代那样大，但亦颇为可观。

据考，宋朝的开国皇帝宋太祖赵匡胤曾刻立过《太祖誓碑》，南宋绍兴二年（1132年）宋高宗敕命诸州刻石的《戒石铭》，亦由其撰文。

相传宋太祖赵匡胤通过陈桥兵变、黄袍加身，于公元960年从周世宗的8岁幼子周恭帝柴宗训手中夺取帝位后，颇感有愧于生前对自己恩宠有加、十分信任重用的周世宗，便于建隆三年（962年）秘密雕制一碑，将自己所立誓言刻于碑上，立于寝殿之夹室内，称为《太祖誓碑》。誓词3行，内容大略为：一、柴氏（周世宗）子孙有罪不得加刑；二、不得杀士大夫及上书言事人；三、要求自己子孙遵守此誓词。《太祖誓碑》在南宋初曾一度相传，其所传说的誓词文句虽略有出入，但主旨基本相同。《太祖誓碑》虽未见实物传世，但据近人考证，此说确实可信。《中国历史大辞典·宋史》卷对此说亦持肯定意见。

继宋太宗于至道三年（997年）登皇帝位的宋真宗赵恒，在治理国家上是个软弱无能的昏君。他畏辽如虎，与辽订立"澶渊之盟"，开创了宋代以纳岁币求苟安的恶例。同时，他既崇道又信佛，在全国广建佛寺、道观，劳民伤财，冗兵、冗官大量激增，在库藏耗尽后又加紧搜刮，社会矛盾日趋激化。为了维护赵宋的统治，他一方面竭力为先帝宋太祖、宋太宗歌功颂德，树立赵氏皇室的威信，一方面大搞尊孔崇儒，还把周公抬出来，大肆推崇尊奉，以此作为自己行"仁"政的标榜，妄图以此来笼络人心。正是在这样的政治目的下，他先后刻立了《文宪王赞并序》《玄圣文宣王赞并序》《汾阴二圣配飨铭》等御碑。

继宋真宗即皇帝位的宋仁宗也亲书亲撰过御碑。如：刻立于至和三年（1056年）的《兵部尚书谥文正公范仲淹碑》的碑额，即是他亲笔用篆书题写的。刻立于熙宁六年（1073年）的《祭武襄公狄青文并序》

的碑文，即是由宋仁宗亲自撰写的。

宋徽宗赵佶昏庸荒淫，穷奢极欲，重用蔡京、童贯等奸佞，尊崇道教，自称"道君教主皇帝"，朝政极其腐败，致使国土沦亡，自己也成为阶下之囚，身死异地，留下了"靖康之耻"，是一位名副其实的亡国之君。但是，这位"不称职"的皇帝，却是一位颇有文采的诗人和颇有成就的书画家。他不仅擅长工笔花鸟画，在我国美术史上颇有地位，而且他善书法，独创瘦劲挺拔的"瘦金体"，一生留下了不少碑刻，如：《元祐党籍碑》《大观圣作碑》《神霄玉清万寿宫碑》、湖南衡山南天门《寿岳》刻石、海南省海口市的《五公柯碑》、陕西耀县药王山静应寺的《题褚慧七言诗跋碑》等。

2. 宋代的"三绝碑"

兴于唐的"三绝碑"在宋代依旧繁茂。据考，现存宋代著名的"三绝碑"有《黄楼赋碑》《荔子丹碑》《秦观词碑》和《唐宋合刻"三绝碑"》等。

（1）《黄楼赋碑》。

《黄楼赋碑》在江苏徐州。徐州古名彭城，北宋大文豪苏轼自宋神宗熙宁十年（1077年）四月至元丰二年（1079年）三月曾任徐州知州，任期虽仅两年，但在徐州为百姓做了不少好事实事，留下了许多值得纪念的胜迹，《黄楼赋碑》即是其中之一。苏轼到徐州任职不久，黄河决堤，洪水汹涌至徐州，苏轼身先士卒，亲持畚锸，布衣草屦，庐于城上，率领百姓奋力抢险，誓"与城存亡"。为了抵御洪水，苏轼在修筑长堤，加固岸防的同时，他又加高城垣。城东门处于挡水要冲，地势险要，他便在城东门上建造了两层高楼，取"土实胜水"之意，在楼四壁垩以黄土，楼因此而被命名为"黄楼"。据苏轼《太虚以黄楼赋见寄作诗为谢》说："黄楼高十丈，下建五丈旗，楚山以为城，泗水以为池"，气势颇为雄伟壮观，因此黄楼建成后，当时的著名诗人、学士苏辙、秦观、陈师道等均写诗作赋祝贺。苏轼将苏辙所撰写的长赋亲笔书写后，并请擅长篆书的毕仲询篆额，刻石立碑，竖立在黄楼中。此碑因出自苏轼、苏辙和毕仲询三名家之手，故被称为文绝、书绝、篆额绝的"三绝碑"。

（2）《荔子丹碑》。

《荔子丹碑》亦称《柳州罗池庙碑》，原名《罗池庙享神诗碑》，原碑在广西柳州柳侯祠，湖南永州柳侯祠亦有翻刻之碑，为纪念唐代著名文学家柳宗元所立。柳宗元，字子厚，生于唐代宗大历八年（773年），卒于唐宪宗元和十四年（819年），河东（今山西省永济县）人，唐德宗贞元九年（793年）进士，后又考中博学宏词科，授集贤殿正字，官监察御史里行。唐顺宗永贞元年（805年），柳宗元与刘禹锡等参加了主张革新的王叔文集团，任礼部员外郎。由于唐顺宗在位仅一年即去世，王叔文的改革失去支持，仅7个月即告失败。柳宗元、刘禹锡都被贬到荒远地区，柳宗元被贬为永州（今属湖南）司马，十年后调回京城，随即又调任柳州刺史。柳宗元在柳州任职约四年，他废除弊政，豁免民间债务，兴办文教，破除迷信，革除陋习，解放奴婢，并指点了大批举子士人如何做文章，使他们的写作水平大有长进。由于柳宗元既是一个杰出的文学家，又在治理地方政务上做了许多实事、好事，为当地的开化和文化的发展作出了重要贡献，柳州人民衷心地爱戴他。唐宪宗元和十四年（819年），柳宗元死于柳州任上。柳州人民为了纪念柳宗元，按照他"馆我于罗池"的遗愿，于唐穆宗长庆二年（822年），在柳州罗池旁建立了罗池庙以志纪念。庙建成后，大文学家韩愈又为

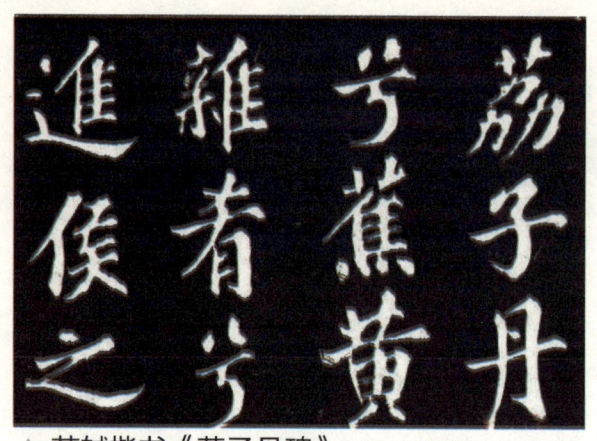

▲ 苏轼楷书《荔子丹碑》

之撰写了《罗池庙享神诗碑》，碑文后附诗一篇，以祭神曲的形式，表达了当地人民对柳宗元的怀念。宋徽宗时出于对柳宗元的崇敬，追封柳宗元为文惠侯，将罗池庙改名为柳侯祠，大文学家苏轼书写了韩愈所作的《罗池庙享神诗碑》，此碑文后于宋嘉定十年（1217年）刻石立于柳侯祠内，碑高3米许，宽1.7米许，碑文10行，每行16字。因韩愈所撰《罗池庙享神诗碑》的第一句为"荔子丹兮蕉黄"，故此碑亦被称为《荔子丹碑》。碑由韩愈赋诗，苏轼手书，所记为柳宗元的事迹，故被称为"韩文苏书柳事""三绝碑"。因柳宗元被贬为永州司马后，曾在湖南永州居住了十年，永州人民为了纪念他，也在永州建立了柳侯祠，并将柳州柳侯祠内的"三绝碑"《荔子丹碑》翻刻后立于庙内，碑共4块，每块高240厘米，宽132厘米，厚21厘米。长方形，平额无座。此碑先在明代时由刘克勤摹刻于零陵永州镇（今湖南永州市）愚溪庙，现永州柳侯祠内的《荔子丹碑》系清顺治年间永州知府魏绍芳重刻。

（3）《秦观词碑》。

《秦观词碑》在湖南郴州苏仙岭白鹿洞附近的悬崖石壁上。秦观字少游，号淮海，是北宋"婉约派"词人的卓越代表、"苏门四学士"之一，曾任秘书省正字，兼国史院编修官等职。因政治上倾向于旧党，被视为元祐党人，一再遭到贬谪，绍圣四年（1097年）受到当政者的排斥,被削职流放至湖南郴州为民。宋时郴州是个偏僻荒远之地,生活条件艰苦,素为放逐谪官、囚犯充军的地方,向有"船到郴州止,马到郴州死,人到郴州打摆子"的民谣流传。秦观为人多情而脆弱,被贬到郴州,游览白鹿洞后,想到自己已蹈死地,悲愤交加,惆怅失望、寂寞愁苦之情涌上心间,回到旅舍后满怀凄凉提笔写了一首《踏莎行·郴州旅舍》,词云:

雾失楼台,月迷津渡,桃源望断无寻处。可堪孤馆闭春寒,杜鹃声里斜阳暮。

驿寄梅花,鱼传尺素,砌成此恨无重数。郴江幸自绕郴山,为谁流下湘江去?

由于精神上的极大压抑和生活条件的艰苦,秦观在写此词三年后即宋哲宗元符六年(1100年)就病死在郴州。大文学家苏轼极为赏识秦观,在秦观死后,见到这首词伤感痛惜不已,满怀哀思为这首词写下了跋语,曰:"少游已矣,虽万人何赎?"后来与苏轼交情不薄的大书法家米芾见到了秦词和苏跋,不胜感慨,当即挥毫泼墨将秦词、苏跋一并书写了下来,镌于碑上。因此碑词、跋、书出自三位知名度极高的名家之手,故被称为秦词、苏跋、米书的"三绝碑"。可惜原碑后来亡佚,现郴州苏仙岭白鹿洞石壁上的摩崖刻石已不是原碑,而是南宋度宗咸淳二年(1266年)郴州知军邹恭得到碑的拓印后,仰慕其精湛的艺术价值,特命人将之摹刻于苏仙岭石壁上的,高52厘米,宽46厘米,并特地在一旁刻字说明曰:"淮海词、东坡跋、元章笔,号称三绝。"

邹恭所摹刻的这块摩崖刻石也曾一度湮没。1961年,毛泽东主席专程从北京回家乡参加中共湖南省第3次代表大会,在大会分组讨论期间，听说陈洪新是郴州地委书记，就很亲切地握着陈的手说："哦，郴州我曾经去过的。宋朝有个词人叫秦少游，此人很不得志呀！贬至郴州填了一首词《踏莎行·郴州旅舍》，抒发他孤独和无可告诉的苦闷心情。陈书记，不晓得现在寻不寻得到那块'三绝碑'呀？你晓得不晓得是哪三绝？"陈洪新听了无言以对，毛泽东就和蔼地告诉他说："淮海词，东坡跋，元章笔，素号三绝……"并语重心长地对他说："祖宗留下来好的东西，我们要保护好，古为今用，批判地继承嘛！"陈洪新对此深感抱愧，回到郴州后，立即请来郴州师专的教授虚心请教，又在郴州师专教授的陪同下，率领地委一班人前往苏仙岭进行考察，终于在一块长满青苔、被枯藤荆棘覆盖的崖壁上找到了"三绝碑"，并立即组织力量修复整理、兴建护碑亭保护，还重拓原迹，竖碑一块。1965年，中共中央中南局第一书记陶铸到郴州视察，游览观赏了"三绝碑"，并听陈洪新介绍毛泽东对秦观词"三绝碑"的关心后感慨颇深，当即步秦少游《踏莎行·郴州旅舍》原韵，反其意而填词一首。词云：

　　翠滴田畴，绿浸溪渡，桃源今在寻常处。英雄便是活神仙，高歌唱出花千树。

　　桥跃飞虹，渠飘束素，山川新意无重数，郴江北向莫辞劳，风光载得京华去。

　　如今，秦观词"三绝碑"已列为湖南省重点保护文物，不仅建亭保护，还新铸了一尊秦少游铜像，并在"三绝碑"旁又竖了一块碑，碑上镌刻陶铸所填的这首词，以供游人观赏。

　　（4）《唐宋合刻"三绝碑"》。

　　《唐宋合刻"三绝碑"》是宋代"三绝碑"中最有意思的一块。这是1991年6月在河北省大名县发现的一块罕见的唐宋书迹合刻于一石的巨型石碑，碑高12.34米，宽3.04米，厚1.08米，重140.3吨。经查考，据《大名府府志》记载，此碑原为唐代魏博节度使何进滔的德政碑，唐开成五年（840年）何进滔去世，唐文宗李昂诏工部侍郎著名书法家柳公权撰写碑文，由梁王司马元度篆刻，立碑于当时的大名府（今大名县双台村）东宫门外。到宋朝时，大观二年（1108年）宋徽宗赵佶下诏修编"五礼"，先后历时4年，修成《政和五礼新仪》220卷，分别为"吉礼""凶礼""宾礼""嘉礼""军

▲ 宋徽宗赵佶像

礼"，是当时的法律法规专著。宋徽宗赵佶亲自为该书撰文作记，新题碑额"五礼之记"4个大字，并诏左丞梁子美在当时大名府建碑立石。因大名县是平原，一时难以找到合适的碑石，梁子美就只得出此下策，将何进滔德政碑正面的碑文磨去，改刻为《五礼记碑》及宋徽宗的额题，而两侧仍留下了柳公权的字迹。这样就形成了唐宋书迹合刻于一石的奇观。此碑集柳公权书法和宋徽宗书法于一体，碑体又特别巨大，故亦被人们誉为隔朝合刻的"三绝碑"。

■ 倡帖轻碑的元代

宋宁宗开禧二年（1206年）成吉思汗建立蒙古汗国，元至元八年（1271年）忽必烈定国号元，并于元至元十六年（1279年）灭南宋，统一全国。元世祖忽必烈是位雄才大略的帝王，他深知凭借铁骑雄师、

强大的武力可以统一全国，但是要想统治历史文化悠久、以汉族为主体的文明古国，就必须吸纳、承袭汉文化。因此，在将军政、财政大权都操在蒙古人与色目人的手里的同时，在礼乐制度、教育、文化、艺术等方面的钳制较为放松。当时的许多汉族士人由于在政治上难以得到发展，亦都转趋文化艺术方面发展。因此，作为中国传统文化重要组成部分的书法、绘画、碑刻、戏曲等在元代得以较好的继承和发展。

在书法艺术方面出现了以被誉为"上下五百年，纵横一万里举无此书"、"唐以后集书法之大成者"赵孟頫为最杰出代表的鲜于枢、康里巎巎、吾丘衍、邓文源、张雨、周伯琦、饶介、俞和等一批书法家。但是，由于宋代刊印"淳化阁帖"所掀起和形成的倡帖轻碑之风元代依然盛行，故大多书家都热心于书翰札帖，除赵孟頫外，留迹于碑刻者为数甚少。再加上元代享祚较短，自元世祖忽必烈至元八年（1271年）定号元起，至元惠宗至正二十八年（1368年）朱元璋攻入大都推翻元朝统治，前后仅历时98年。故尽管整个元代留存于世的各类碑刻数量并不算少，但其中具有重要书法艺术价值的传世书法名碑，却为数甚少。

在存世的元代碑刻中，具有较高历史、文字语言、书法艺术等价值的主要代表作有：

1. 元世祖平云南碑

在云南大理市城西北0.5公里处的苍山中和峰下，有一个小圩镇，1000多年前，这里曾是大理国的都城。在这大理古城的三月街场上，有一座碑亭，碑亭中矗立着一块由两块青石相接而成的石碑，别看此碑其貌不扬，但此碑却是元代最重要的一块碑，在中国历史上颇有名气，在中国碑文化史上也具有重要的地位，就这是赫赫有名的元世祖忽必烈平定云南的纪功碑《世祖皇帝平云南碑》。

忽必烈是"一代天骄"成吉思汗的孙子。公元1234年，蒙古军灭亡金国后，旋即南下发动灭宋战争，遭到南宋统治区人民的顽强抵抗。为了打破战争僵局，蒙古军决定先征服"西南

▲ 忽必烈像

诸蛮"，以便形成一个对南宋政权的南北夹击之势，击破南宋的防线。公元1253年，忽必烈奉其兄蒙哥大汗之命，率十万大军征讨大理国。当时，大理国在掌实权的国相高泰祥和拥有虚位的国王段兴智的治理下，实力颇为雄厚。为了避实击虚，以少胜多，忽必烈绕开历来兵家所走的古道，别出心裁地经今甘、川、藏边界人烟稀少的高山峡谷，从宁夏入甘肃经云盘山并顺利通过天险金沙江，出其不意地迅速抵达大理国城下，经过激战和智取，忽必烈擒杀了大理国相高泰祥，俘虏了大理国王段兴智，在距出兵不到一年的时间内，即于1253年12月13日攻入大理城，灭掉了曾割据云南地区统治了300多年的大理国。旋即忽必烈又统一了云南37部，在中国历史上首次在云南建立了行省。随后，忽必烈又以云南为基地，挥戈东进，一举灭亡了南宋政权，完成了统一中国的大业。

为了追颂元世祖忽必烈平定云南、奠定统一全国的伟大功绩，元成宗大德八年（1304年），平章政事也速答儿建言在大理古城立碑，由翰林院臣程文海撰写碑文并书写。碑高4.44米，宽1.65米，以粗石为框，立于青石所雕的赑屃上，当地俗称"乌龟碑"。碑额为半圆形

大理石，左右雕双龙捧日图，额正中篆刻"世祖皇帝平云南碑"8个大字。碑身由两块青石上下相接而成，碑文共50行，上石30行，每行20字，下石28行，每行25字，共1300字左右。虽历经近700年风雨，碑文至今清晰可认，主要记述了元世祖忽必烈于宪宗二年（1252年）率军远征云南，平定大理国，建立云南行省的功绩和史实，同时此碑也是元朝建立中书省的最早记录，因此，此碑具有重要的历史价值，是研究元史的重要文物。

2. 息庵禅师道行碑

此碑系元惠宗至正元年（1341年）三月刻立于河南登封少林寺天王殿右侧，碑身高213厘米，宽89厘米，厚18厘米。碑首为半圆形，中刻大宝相花，横向两侧各刻小宝相花，碑额刻有光显大禅师盖吉祥篆题"息庵禅师道行之碑"8个大字。碑趺为长方须弥座，长116厘米，宽66厘米，高17厘米。碑身正面镌刻日僧邵元撰写、比丘法然行楷书写的碑文24行，计1072字。碑文记载了息庵禅师的生平事迹，颂扬其道德深泽，字里行间充满推崇之情。碑文四周刻有连续卷草纹边框。碑身背面上半部镌刻"息庵禅师宗派之图"，图下刻嗣法及落发小师名字数个和明万历间游人所题诗作一首。邵元原为日本国山阴道但州正法禅寺住持，元泰定帝泰定四年（1327年）来到中国，先后往天台山、天目山、伏龙山、五台山等礼佛，后至大都参加元朝选僧西员在禁中转读大藏经，在前后21年中，他先后游历各地名刹古寺与高僧结缘，在元惠宗至元五年（1339年）时至少林寺，以客僧身分担任该寺首座，被尊为古源上人，并与息庵结下了极为深厚的友谊。息庵圆寂后，邵元应息庵之徒的请求，写下了感情至深至切的《息庵禅师碑》。此碑是中日文化交流和中日人民悠久传统友谊的历史见证，具有重要的历史文物价值。

3. 京兆府达鲁花赤残碑

在包头市达茂旗敖伦苏木古城东部墓地，1973年发现一块元泰定四年（1327年）京兆府达鲁花赤残碑，碑上分别从右至左刻有汉文、叙利亚文、蒙古文三种文字，三种文字内容相同，是当时京兆府（今西安市）最高军事、行政长官——达鲁花赤突厥汪古部人阿兀剌编·帖木划思的墓碑。此碑不仅是迄今内蒙古地区所发现的元代官职最高的汪古人墓碑，而且碑中所记载的景教与中国传统文化日月崇拜相结合的内容，以及与汉文相对照的古叙利亚文、古蒙古文，对于研究景教在中国的传播和古叙利亚文、古蒙古文都具有重要的价值。

■ 被冷落的明碑

由《淳化秘阁法帖》刊印而形成的重帖学轻碑刻之风，不仅影响了整个宋代，而且对此后各朝代、特别是明代产生了深远的影响。

明代的皇帝，自明太祖朱元璋起，明成祖朱棣、明宣宗朱瞻基、明世宗朱厚熜、明神宗朱翊钧，直至明朝最后一个皇帝明思宗朱由俭及皇室宗族，皆好书法。但是，他们所热衷的都是帖学。诸如，朱元璋称帝不久，即选拔品官子弟及民间俊秀通文义者为国子监学生，在学习儒家经典的同时，命他们以王羲之、欧阳询、虞世南、颜真卿、柳宗元等人诸帖为范本，每日习书二百余字。同时，朱元璋还在皇室宗族中大倡帖学，特地将一部珍贵的宋拓本《淳化秘阁法帖》赐给自己钟爱的十四子肃王朱楧。肃王朱楧将此视为稀世珍宝，传诸于子孙历代观赏摹学。到了第八代肃王朱绅尧时，为了使这部珍贵的《淳化秘阁法帖》不致因年代久远而遭毁失，他就命工书法、尤擅"双钩"

▲ 明太祖朱元璋像

的吴中名士姑苏人温如玉,和其徒被称为"玉臂"的南康人张应召二人,将《淳化秘阁法帖》摹刻在富平石上。然尚未刻完,朱绅尧即已去世,但摹刻并未因此而中辍,朱绅尧之子朱识鋐嗣为肃王后依然热心于帖学,继而为之。就这样,先后历时7年,终于在天启元年(1621年)将《淳化秘阁法帖》的摹刻完成,共刻石148块,成为著名的传世肃本淳化阁帖。清代倪苏门《书法论》对其评价极高,谓:"淳化帖在明朝,唯肃王府翻刻石拓最妙,谓之肃本。"

继明太祖朱元璋之后,明成祖朱棣更是热衷于帖学。他以所谓的靖难之师夺得皇位后,即于永乐元年(1403年)下诏郡县举荐善书之士,从中又选其尤善者十数人于翰林内制,并拿出宫廷秘藏的古代名人法帖手迹,让他们观摩学习,以增益其所能,对善于署书的朱孔易及凡写内制者,他都授于中书舍人。此后,明成祖又曾下令选中书舍人28人,由黄维带领,专习王羲之、王献之法帖。当时,明成祖特射爱重解缙的楷书,尝亲自为之持砚。在明成祖的大力倡行下,帖学大兴。明永乐十四年(1416年)七月,周宪王朱有燉又以《淳化阁帖》为主,参以《秘阁续帖》及宋、元人书,临摹上石,刻成《东书堂集古法帖》

10卷。

在封建社会中，帝王的嗜好和倡导，足以启一代风气。往往天子所爱好的，大臣们亦随而好之，全国士民也都上行下效而学之。由于明太祖、明成祖的率先垂范和明朝历世帝王的竭力倡导、推行，因此，刻帖、习帖之风在整个明代一直久盛不衰。据查考，明代仅重新翻刻《淳化秘阁法帖》的著名刻本，就有洪武四年（1317年）泉州知府常性由宋拓本翻刻的泉州本，嘉靖四十五年（1566年）上海顾从义由宋代贾似道的藏本所翻刻的王泓馆本等4种。明弘治二年（1489年），晋庄王子朱奇源命王进、杨立溥、胡汉、杨文卿等人，又以《阁帖》、《绛帖》、《大观》、《宝晋》为主，加上自己府邸中所收藏的宋、元及明人墨迹，选集成《宝贤堂集古法帖》12卷，令宋灏、刘瑀摹勒上石。继之，在明正德十年（1515年），刻成后一直珍藏不印的《淳化秘阁法帖》肃府本正式刊行。正是在这样的帖学盛行风气下，刻帖在明代风靡于世。因此，在整个明代，尽管先后涌现出了诸如吴宽、宋克、宋璲、宋广、李应祯、沈周、祝允明、唐寅、文征明、王宠、董其昌、邢侗、李东阳、文彭、文嘉、陈淳、陆师道、周天球、严嵩、张瑞图、倪元璐、傅山等一批名书家，然而，他们也在时代风气的影响下，热衷于帖学，而很少涉足碑刻。

诸如：明嘉靖元年（1522年）正月，由文征明、文彭父子钩摹了无锡华夏所选集的家藏名迹，由章简甫镌刻成《真赏斋帖》3卷。明嘉靖三十四年（1560年），文征明编集历时23年收藏的晋、唐、宋、元、明人书迹，由其子文彭、文嘉摹勒，由温恕、章简甫镌刻成《停云馆帖》12卷。著名文人王世贞历时多年编纂成《古今法书苑》76卷，他死后由王乾昌校刊。明万历二十六年（1598年）吴廷刊刻了《余清斋帖》16卷。

明万历二十八年（1600年），由邢侗撰集，由吴应祈、吴士端摹勒刊刻了《来禽馆法帖》3卷。明万历三十五年（1607年），董其昌审定刊刻成了《戏鸿堂法帖》16卷。章藻历时9年于万历三十八年（1610年）刻成《墨池堂选帖》5卷。明万历三十九年（1611年）王肯堂编次、管驷卿镌刻成《郁冈斋墨妙》10卷，明万历四十年（1612年）陈瓛撰集、吴之骥镌刻成了《玉烟堂帖》24卷。明万历四十七年（1619年）陈春永撰集刊刻成《秀餐轩帖》4卷。明崇祯年间（1628—1644年），先后又有蒋如奇摹勒刻成《净云枝藏帖》8卷，陈甫伸编次、章镛摹勒刻成《渤海藏真帖》8卷，吴桢摹勒刻成《清鉴堂帖》10卷等等。

此外，还有民间各种以私家收藏前代墨迹刊刻的法帖，甚至还有不少以当代名家或自己书迹摹勒刊刻的帖本，等等。

这一倡帖、刻帖、习帖的风气，一直延续到清中叶"碑学"复兴，才有所改变，前后持续炽盛达数百年之久。

正因为倡帖、刻帖、习帖之风如此兴盛并持久不衰，几乎无人热心于刻碑、习碑，所以尽管明代享祚达277年之久，几乎和唐代一样长，而且也出了以董其昌为最杰出代表的大批书法名家，但其所留下的书法碑刻，不仅罕有传世丰碑巨制，并且数量甚少，堪称书法名碑者寥寥可数，甚为微不足道，根本无法与唐代相比拟，就是与宋代相比，也颇为相形见绌。

■ 清代碑学的复兴

1. 清代碑学兴盛的缘由

在宋元明三朝大行其道的帖学，在清初依然极为盛行。清初，康熙皇帝极其钟爱董其昌之字，曾下令在全国搜求董书遗墨，以作为书法范本。一国之君的爱好和力倡，致使全国上下竞相效行，董书之帖风靡于世，汉魏碑刻自然很少有人问津，处于冷落的境地。

然而，到清代乾嘉时期，情况发生了很大的变化，被冷落了数百年之久的"碑学"重新得到提倡并复兴，出现了自唐以后从未有过的兴盛局面。

所谓碑学，其内涵包含两个方面：一是指研究考订碑刻之源流、时代、体制、拓本真伪和文字内容等的学科，即碑刻考古学；二是指与崇尚帖学相对的崇尚碑刻的书派，也就是以宗碑古帖为特征的提倡以南北朝碑刻为书法范本的书派。关于碑学，多有兴于清代的说法，其实这一说法是不确切的，正确的说法应该是碑学之兴始于宋代，以欧阳修的《集古录》为标志。只是宋代的碑学主要侧重于上述碑学两方面含义的第一个方面，即主要着重于研究考订碑刻之源流、时代、出处、体制、拓本真伪和文字内容等，至于推崇碑刻的书法艺术，在宋代的碑学中则是居于其次的，而清代的碑学在内容上恰恰与宋代碑学相反，主要侧重于推崇南北朝碑刻，特别是北碑的书法，至于研究考碑刻之源流、时代、出处、体制、拓本真伪和文字内容等，则是居于其次的。也就是说，虽然同是碑学，但宋、清两代碑学的侧重点不同，宋代侧重于碑刻考古学，清代则侧重于碑刻书法学。

那么为什么冷落了数百年之久的"碑学"自清代中期以后又会再次得以倡行复兴呢？

▲ 欧阳修的《集古录》

考其原因大概主要有这样三点：

第一，因为在清代雍、乾、嘉时期，清朝贵族为了维护自己的统治，在文化政策上实行严酷的文化钳制主义政策，屡兴文字狱，因此使得大批文人学者再也不敢致力于经世之学。这些文人学士只好仿效历代士大夫，以古物考据、丹青翰墨作为自己的消遣，转而埋头于古物和古碑拓片的考证研究之中，雍乾之间，由于金石学的再度兴起，古碑碣被大量发掘出土，佳拓传布日广，出现了大量金石学方面的著作，这些著作，本来是作为学者用于解经正史的宝贵资料的，然而由于清统治者的文化钳制政策，学者们不敢在解经正史上多有议论，而另一方面由于这些碑刻佳拓具有极高的书法艺术价值，故而这些在解经正史上不能充分发挥作用的碑刻佳拓，却被越来越多的学书者借以研求书法。原为考据家所贵之碑拓，遂为临池者所宝之范本。这种情况的产生，导致了清代中期碑学的兴盛。

第二，古碑是把书写者的字直接刻于石上，是按照书写者自己亲笔书丹之字而刻成的，也就是说，是古人之真迹，而帖则是由后人临摹古人的字而刻于石上的，是后人所摹仿的，并不是古人的亲笔真迹。自宋以来至清中期，数百年来，随着帖学的盛行，许多名家墨迹被摹勒上石、上木，拓印成册，广为流传。而这些帖本由于使用过多过久被损坏和供不应求等种种原因，又往往被一次又一次地翻刻。尽管在刻制帖版时要求忠于原迹，但在事实上，由于所用的刻版的材料、工具及刻工自身书法素养及镌刻技艺高低不等种种原因，每翻刻一次，特别是那种条件较差的书坊所刻的版本和那种刻技较低的刻工所刻的版本，都在不同程度上会比前一版出现这样那样的一些误差，有些甚至是较大的误差。因此到清中叶时，随着误差积累得越来越多，许多帖本古代名家的字迹都早已走样失真。这无疑使仰慕古代名家书法的学书者，越来越对这种与原迹有很大差距的帖本不感兴趣，转而日渐钟情于当时大量出土的古碑拓本。因为这些古碑，特别是唐以前的古碑，当时多由书碑者直接书丹上石而后由刻工镌刻的。尽管由于用石的精粗优劣及刻工艺术的高低和对原作者是否十分尊重等原因，所刻的碑版有的也并非百分之百地保持了书碑者的真迹原貌，也略有失真之虞。但这终究要比翻刻多少次的帖本更接近于原迹，加上北碑重骨力而风韵亦佳，南帖重风韵而骨力渐弱这一事实，从而导致了学书者纷纷将目光投向碑刻，以期学到古代名家的真正笔法意韵。这无疑在客观上为"碑学"的兴盛创造了良好的条件。

第三，在清代的科举制度下，士子们为了能跻身仕途，进入官场，除了要装一肚子的八股文章外，还得依照科举考试的章程，写好考场规定的楷书，即要"墨乌黑，字方整，笔光润"，达到"乌方光"之标准。这种被后人称之为"馆阁体"的书法，在规范文字上是有一定作用的。但是其体裁刻板，千书一面，桎梏灵性，根本谈不上什么书法艺术的创造性。因此，士子们一俟榜上题名，跻身仕途，得到官职禄位后，便纷纷将这种刻板拘谨、桎梏灵性的"馆阁体"抛之于九霄云外，而借鉴古代名迹创作自己的书风。这两点也在客观上为碑学的兴盛起了推波助澜的作用。

2. 清代碑学的兴起

清代碑学虽复兴于清代中期，但其发轫却可追溯到清初。早在清初，被誉为"清初三隶"之二的郑簠（1622—1693年）和朱彝尊（1629—1709年）就力倡恢复隶书古朴奇拙、雄浑峭拔的风貌，从而首开碑学复兴之先导。稍后，又出现了金农（1687—1763年）、郑板桥（1693—

1765年）借鉴汉碑而形成的创新隶笔。特别是金农，其书法参碑夹帖，长于碑学。他以汉魏隶书为基础，汲取民间书法艺术的养分，将两者创造性地融合在一起，形成了以旨趣高雅、法度森严、神韵古穆、气质淳厚将两者凝重为特点的高古奇异的隶学流派，为后来碑学的倡行提供了值得效学的成功先例和楷模。继金农之后，邓石如（1743—1805年）又紧接着出现于书坛。邓石如是在学成篆书之后临写汉碑的，因此其在书写时引篆入隶，结构用笔出规入矩，颇多新意。紧随着邓石如之后，伊秉绶（1754—1815年）通过师法秦汉魏晋碑刻，采用篆隶结合的办法，再现了隶书的古风，其隶书善用浓墨，乌亮如漆，笔画光洁精到。他这种追溯秦汉、返璞归真古风的再现，宣告了流美漂浮帖学之风的终结。金农、邓石如、伊秉绶都是从师法秦汉魏晋碑刻而取得辉煌的书法艺术成就，卓然成为书法大家的，他们的成功之道，使人们从中得以窥见秦汉魏晋碑刻的重要书法艺术价值和巨大的艺术魅力，大大激发了人们对秦汉魏晋碑刻的仰慕之情，和效学秦汉魏晋碑刻，以提高自己书法艺术的积极性，从而为碑学的兴盛奠定了坚实的基础。

最早正式倡导碑学，为碑学崛起奠定理论基础的是清代中期的著名学者阮元。阮元生于乾隆二十九年（1764年），卒于道光二十九年（1849年），字伯元，号荟台、雷塘庵主、怡性老人，江苏仪征人，乾隆进士，他博学多才，不仅于天文、历算、地理等均多有建树，工诗文书画，于金石书画无所不能，其篆、隶、行、楷书法郁盘飞动，纵横排荡，擅名当世。而且，他精于鉴赏考据，是嘉道年间著名的考据学家，曾在杭州创立诂经精舍，在广州创立学海堂，提倡朴学，主编《经籍纂诂》，校刻《十三经注疏》，汇刻《皇清经解》等，又由经籍训诂，

▲ 金农隶书

求证于古代吉金、石刻，并扩大到天文、历算、地理。他对三代以来金石文字阅览极广，研究极深，多有超迈前人之处，曾说："二十年来留心南北碑石，证以正史，其间踪迹流派，朗然可见。近年魏、齐、周、隋旧碑，新出甚多，但下真迹一等，更可摩辨而得之。"著有《积古斋钟鼎彝器款识》《皇清碑版录》《山左金石志》《两浙金石志》《仪礼石刻经校勘记》《华山碑考》《揅经室集》《石渠宝笈二编》《石渠随笔》等。

阮元的《南北书派论》《北碑南帖论》首开倡导碑学之先河，继之而出的包世臣的论著《艺舟双楫》则将碑学的复兴推向了高峰。

包世臣字慎伯，号倦翁、小倦游阁外史、白门外史等，安徽泾县人，因泾县古名安吴，故又人称包安吴，生于清乾隆四十年（1775年），卒于咸丰五年（1855年），享年81岁。包世臣出身寒微，善经济之学，嘉庆十三年（1808年）33岁时中举，任过新喻（今江西新余县）知县，因在给上司的呈文中用了"小柴胡汤"四个字而被罢官。包世臣性格爽朗不羁，本来就不热衷于仕途，所以在被罢官后，他干脆潜心于年轻时十分爱好的书法艺术，使他的书法"遂成绝业"。他的书法尽管没有像邓石如那样出类拔萃的辉煌建树，但还是从邓石如那儿取法很多，尤其是得力于《敬史君碑》和《始平公造像记》，写北碑很有功夫，用笔极为讲究，比邓石如更方，专取侧势，其行草书对后世的启发和影响，更不可小视。当时，包世臣书名重于江南，一时学者翕然从风，据何绍基《东洲革堂书论抄·跋张黑女墓志拓本》称"从学者相矜以包派"。

　　在致力于书法实践的同时，包世臣亦不懈地探索书学理论，于嘉庆二十四年（1819年）客次济南时，写出了"表新碑，宣笔法"的书学专文《历下笔谭》，继而又撰写了对"碑学"理论的形成和发展产生重大影响的论著《艺舟双楫》，于道光十六年（1836年）刊印。在《历下笔谭》和《论书十二绝句》等篇中，他论述了汉代以来书法用笔源流，在注重笔法传扬的同时，提出了"表新碑，宣笔法"的主张，不遗余力竭力表彰北碑，大力提倡学习北碑。所论每多独到之处，甚为艺林所重，对后来书风变革所产生的影响甚大，道光、咸丰以后之所以北碑盛行，此书实开风气。康有为最终完成碑学理论体系的专著《广艺舟双楫》，不仅书名承沿了包世臣的《艺舟双楫》，而且在书中也沿用了包世臣的这一分品级评论法，对历代碑刻进行了全面品评。除康有为外，碑派的代表人物吴让之、赵之谦、沈曾植等亦无一不受其深刻的影响。就连秦祖永在《桐荫论画》中把画家及其作品分为神品、逸品、能品三种，也系源于此。由此，足见包世臣《艺舟双楫》这一著作在"碑学"兴起中所起作用之广之大。

　　尽管包世臣由于时代的局限，写字未舍帖法，晚年又学二王书法，自己写北碑并不太得法，并未写出北碑的神品妙作，在创作实践上并未能别张大疵,他所宣示的笔法,用来写北碑也多有谬失,被后来的何绍基批语为"于北碑未得髓也"(《跋魏张黑女墓志拓本》)。

碑学理论到清末康有为时,又得到进一步的发展。由阮元《南北书派论》《北碑南帖论》提出、由包世臣《艺舟双楫》加以推衍、申说的"碑学",在清末康有为的《广艺舟双楫》中进一步得到具体化和完善化,最终完成了"碑学"的理论体系。

康有为不仅是一位近代著名的政治改革家,同时也是一位造诣颇深的书法家和不溺于旧说、寻求创新途径的书学理论家。他书法初从朱九江习欧、赵,后受包世臣《艺舟双楫》的影响,改习北碑,师承《石门铭》,参以泰山经石峪《金刚经》和《云峰山石刻》《六十人造像》等,再加上其天资极高,取各家之长融为一体,从而创造出了碑体行书,纯从朴拙,洗涤凡庸,独具一格,别有风采,时人号为"康体"。在进行创造性的书法实践活动和深入研究前人碑学理论的基础上,他又继包世臣《艺舟双楫》之后,精心编撰了一部书法理论专著《广艺舟双楫》。在这部专著中,他对阮元、包世臣等前辈学者开创的碑学理论作了全面的概括性的系统整理,纠正了其中一些绝对化和片面性的提法,充实了大量新的内容,提出了许多新的见解和观点,使碑学理论更加系统和完备,并总结了清乾嘉以来的碑学理论和实践,使碑学成为有实践、有系统理论、在清末

▲ 康有为像

书坛占主导地位的流派。

在阮元、包世臣、康有为等相以为继的著名大家持续不断地极力推动和倡导下，文人学士群起响应，自清代中叶以后，尊碑、学碑、倡碑之风日益炽盛，先后涌现出一大批碑学理论家，写出了大量碑学研究专著和与碑学有关的著作。

在清代洋洋洒洒的碑学著作中，特别值得一提的是当时还出现了一些集历代碑刻著录之大成的碑学巨著，其中规模宏大，内容较为丰富、具有重要价值和重要影响。

 **知识链接**

独居特色的国外碑铭

1. 数字铭

鲁道夫是16世纪德国数学家，他几乎耗尽了一生的时间，把圆周率计算到小数点后35位，这在当时是世界上最精确的圆周率数值，而他的墓碑上就刻着这一组数字。

2. 图示铭

古希腊著名数学家阿基米德发现球的体积和表面积都为其外切圆柱体积和表面积的2/3的著名几何原理，为了纪念这一发现，他的墓碑上刻着球内切于圆柱的图形。德国数学家高斯因为发现了正17边形的尺规做法，他的墓碑上刻上了一个正17边形。法国生物学家巴斯德的墓碑上刻着许多小鸡、小羊和小狗。

3. 美诗铭

"他并没有消失什么，不过感受了一次海水的变幻，他成了富丽珍奇的瑰宝。"这是莎士比亚《暴风雪》中的一句诗，同时也是英国浪漫派诗人雪莱的墓志铭。法国浪漫主义诗人缪塞的墓志铭是他写的六行诗：

"等我死去，亲爱的朋友，请在我的墓前栽一株杨柳。我爱它那一簇簇涕泣的绿叶，它那淡淡的颜色使我感到温暖亲切，在我将要永眠的土地上，杨柳的绿荫啊，将显得那样轻盈、凉爽。"

4. 幽默铭

伟大的戏剧家、诗人莎士比亚一生著作颇丰，是"最伟大的戏剧天才"，在他的墓碑上刻着他临终前为自己撰写的幽默铭文："看在耶稣的份上，好朋友，切莫挖掘这黄土下的灵柩；让我安息者将得上帝祝福，迁我尸骨者定遭亡灵诅咒。"大文豪肖伯纳的墓志铭："我早就知道无论我活多久，这种事情还是一定会发生的。"作家海明威的墓志铭："恕我不起来了！"

5. 名字铭

名字铭是逝者墓碑上仅刻名字。法兰西民族英雄、法国前总统戴高乐的墓碑上只有"夏尔·戴高乐"。美国科学家、发明家富兰克林的墓碑刻的是"印刷工富兰克林"，因为这是他一生中最引以为豪的工作。

第二节　碑的分类

我国从汉朝以后，刻碑的风气逐渐普及，几乎处处可碑，事事可碑。有山川之碑、城池之碑、宫室之碑、桥道之碑、坛井之碑、家庙之碑、风土之碑、灾祥之碑、功德之碑、墓道之碑、寺观之碑、托物之碑等。前人实行，后人效法，中国的名胜古迹，竟形成独特的"碑石林立"的民族特色。因此，碑文竟成了使用范围极广的实用文体。碑的种类繁多，碑文的体裁各具特色。

■ 功德碑

"树碑立传"，几乎人人知晓。《辞海》中解释说：古人将长方形的刻石称为碑，用以作纪念或标记，纪事颂德，如纪念碑、墓碑。功德碑是为活着的人歌功颂德的。竖立碑碣的风气是从秦始皇刻石纪功开始的。有的前序后颂，序为散体，颂为韵文，如李白写的《武昌宰韩君去思颂碑并序》。有的通篇为散文，如《敦煌太守裴岭纪功碑》。解放后，已经很少有人树碑立传了，不过有一些海外侨胞还继续着。

所以，树碑的历史悠久，目的是为去世的或活着的人立传，为其歌功颂德，让后人敬仰。只是到后来，碑的功用被放大了，范围涉及颇广，什么地域风貌、历史沿革、人文景观，甚至文人游山玩水的即兴赋诗题字，也都可以刻上碑碣。由此，树碑立传是我国的一种特殊的文化现象，是我们中华民族传统文化的组成部分。地域广阔的中国，不论走到哪里，东西南北凡见到名胜古迹、旅游景点，等等，触目皆可见碑林或碑廊。

■ 墓 碑

古人的墓碑、墓志定制，大多是长方形的碑。在碑头上用篆体书写某朝某官某人墓碑，这叫"篆额"。相比较而言，墓志较小，一般为方形，刻石加盖，上面写着某官某人墓志，称此为"书盖"。若是具备了"篆额"和"书盖"，碑文、志文的前面就不必费事再刻题目了。

墓碑文的题目，若是墓碑铭并序的，其内容顺序是先序，次碑，后铭；若是墓志铭并序的，则先序，次志，后铭；而墓志或墓碑，有的只有志没有铭，或者只有碑没有铭；称墓铭的，有铭而没有志；还有虽然只有铭志或碑，其他各项都具备的情况。

志，一般用散文叙述，记述死者的姓名、籍贯、生平等；而铭多用韵文概括全篇，颂扬死者的功业成就，以表悼念和安慰。但也有只有志或只有铭的情况。

墓碑文，一般要叙述死者的姓名、籍贯、家世、经历、文章著作、逝世时间，然后是某年某月葬于某地，最后是铭文。墓志的内容也包括姓名世系、籍贯、行为事迹、年寿、逝世年月、子孙大略、葬时、葬地，最后是铭文。铭文是对全文的总括，一般用韵文叙述。墓碑、墓志所包括内容相差无几，只是志在于追求简明而碑崇尚丰丽。

墓志铭不一定是要别人写的，也可以是自己在世时写的，主要是对一生的评价。叙事概要、语言温和、文字简约是对墓志铭在写作上的要求。大多数墓志铭是由他人撰写，偶有铭主本人生前撰写的。

撰写墓志铭需要注意两点，概括性和独创性。因空间有限，墓志内容的篇幅要简洁明了，篇幅不可冗长。因此，这就要求撰写墓志者有很强的概括能力。汉朝大将韩信的墓联为："生死一知己，存亡两妇人。"简单十个字，就高度概括了韩信的一生。

墓志铭原先是埋在坟墓中，后来也允许埋于地表的坟墓上，实际上就是死者生平事迹的一份简历，对于有重大贡献的人常有墓志铭，但是近代中国已经不再流行墓志铭了。

■ 其他类型的碑

1. 庙　碑

我国古代有很多寺庙建筑，都是难得的名胜古迹，在补修或重建时，会立碑纪事，以垂示后人。不过，发展到现在，这类碑文多侧重叙述古迹的兴废历史、古迹确定的依据以及重建过程中的有关事项。

▲ 林公则徐纪念碑

2. 纪念碑

为了记述重要的历史事件和重大人物，人们会设纪念碑。如人们为了纪念七次下西洋的郑和所作出的巨大贡献，在他的家乡云南省晋宁县昆阳镇建亭立碑。清代名臣林则徐禁烟，为了表彰他反抗外国侵略者的爱国主义精神，人们在虎门炮台边修建了"林公则徐纪念碑"。我国的纪念碑多为碑刻，纪念人的详于写人，纪念事的详于写事。长汀罗汉岭瞿秋白就义处建有"瞿秋白烈士纪念碑"，比较详细地记述了瞿秋白生平事迹和他就义时的悲壮情景。

3. 纪事碑

纪事碑涉及的内容比较广泛，种类很多，有建筑之碑、名胜古迹之碑、文人雅事之碑、天灾人祸之碑等。这类碑的意义在于存真，因此碑文必须朴实无华，稍有夸张，就不能取信于人。

4. 诗碑

诗碑是指特意为诗而立的碑，并非是碑文用诗词体裁而作的碑。这种碑古今中外都有。古有为岳飞所作之词"满江红"而立的通碑，叫《岳庙满江红词碑》，刻上岳飞"满江红"词；现修建的桂林"碑林"，其中亦有不少是为现代名人新立的诗碑词；还有日本岚山立有周恩来总理"大江歌罢掉头东"的诗碑。

知识链接

帝王陵前放石像生

古代帝王陵前都放有石像生，分别为狮子、麒麟、獬豸、骆驼、马、象等石兽，一般均用汉白玉雕成，形象逼真，栩栩如生。

古人以为狮子性情凶猛，吼声震天，群兽听到狮吼，无不惊恐。将它放在陵前，起着"避邪"的作用。獬豸，是神话中的异兽，头上长角，专触不正之人。古代法官，曾戴过獬豸冠，以表善辨邪正之意。麒麟，是传说中的异兽，吉祥的象征。骆驼，是沙漠中不可缺少的运输工具。马，性情温顺，善于奔跑，是当时人们离不开的交通工具。总之，有麒麟、獬豸、烈马、雄狮把守陵门，象征着皇帝的威严。

据考证，陵前放置石像生起源于秦，当时称为"翁仲"。传说，秦朝有位大将名叫陈翁仲，此人身材高大，力大无穷，曾驻守临洮（今甘肃岷县），因征服匈奴有功，死后，秦始皇为了纪念他，便铸了陈翁仲的铜像，放在咸阳宫的司马门外。后来，人们就把铜像、石像通称为"翁仲"了。自秦以后，各代陵前均放置石像，只是种类有所不同，如：秦汉时放置麒麟、象、马等。唐代诸陵前则是狮、马、牛、玄鸟、文臣、蕃酋。明朝则是麒麟、獬豸、骆驼、马、象、文武勋臣。清朝基本是效仿明十三陵放置的石兽，只是没有文武勋臣。

第三节　中国古代墓葬

在古人看来，丧葬不只是单纯安葬死者，它直接影响到社会的伦理规范乃至政治秩序。正因为丧葬有如此重要的社会功能，它受到历代朝廷和民间的广泛重视也就不足为奇了。

■ 坟墓的发展

人生百年，必有一死，有死便有葬。葬在汉字里属于象形字，意为将死者掩埋在草丛中。《说文解字》里把"葬"字的意思解释为"藏"，即把尸体放在草垫或用树条捆扎而成的木床上，然后用乱草覆盖掩藏。《易·系辞下》："古之葬者，厚衣之以薪，葬之中野。"所谓"厚衣之以薪"，也就是用树枝杂草掩埋。故《礼记·檀弓上》说："葬也者，藏也；藏也者，欲人之弗得见也。"

在原始社会初期，人们并不掩埋同类的尸体，而是弃之于原野山谷。正如《孟子·滕文公上》所说："上世尝有不葬其亲者，其亲死，则举而委之于壑。他日过之，狐狸食之，蝇蚋姑嘬之。"后来，随着社会的发展，灵魂不死、祖先崇拜观念逐渐盛行，人们便有意识地处理同伴的遗体，不忍心亲人的尸体遭受野兽昆虫的噬食。

据考古发现，我国最早的墓地是北京周口店山顶洞人的居室葬。大约在1.8万年前，处于母系氏族社会早期的山顶洞人把自己居住的山洞深处用作墓地，在那里覆土掩埋死者的尸体，尸体上撒有红色的赤铁矿粉屑，并随葬石器工具和石珠、穿孔兽牙等物品。随着生产工具的发展，到了新石器时代，人们已能够深掘土坑，把尸体埋在地下。这种能更好地保护尸体的、真正意义的土葬，逐渐成为最普遍的葬法。考古工作者从距今七千年到五千年母系氏族社会繁荣时期的黄河流域仰韶文化遗址中，发掘了两千多座墓葬，其中绝大多数是土坑葬，有的葬坑底部和四壁经过了加工。除了单人葬之外，还有不少同性多人葬和一坑中男女老少混葬、母亲和子女合葬等现象。同一葬坑中的人不可能都在同时死去，当系迁移合葬，即先分别进行土葬，等肉体全部腐烂后又挖出尸骨作二次葬。许多公共墓地所有尸骨的头部都朝同一方向，可能是人们心目中死后鬼魂的去向。对夭折的幼儿往往贮以瓦罐，用盆、钵覆盖罐口，埋葬在住房附近，盆、钵中央留出小孔，以备灵魂出入。到了原始社会末期，土坑葬已遍及黄河长江流域、东南沿海以及东北一带广大地区。

坟，本义为土堆。屈原在其《九章哀郢》中就有"登大坟以远望兮"，在这里，坟是指土堆成较高的地方。而墓的出现比坟要早得多。后来，坟与墓连称，意为死者的墓地。《礼记·檀弓上》引用孔子的话说"古也墓而不坟"。郑玄对这句话的注释是："墓为兆域，今之封茔也。土之高者曰坟。"墓是埋葬死者的场所，指平处，坟是墓上堆高的土，为高处，我国自从出现了墓葬以后，在相当长的时间里，墓上

▲ 山顶洞人头像

是没有土堆积的,所以汉代学者扬雄特别提到"葬而无坟谓之墓"。

《易·系辞下》讲到,上古的墓葬"不封不树",也就是葬地不起坟,也不种树以设标志,这种丧葬风俗,就连当时的统治者也不例外。如西汉末刘向所说:"殷汤无葬处,文、武、周公葬于毕(今陕西咸阳东北),秦穆公葬于雍橐泉宫祈年馆下(今陕西凤翔县南),皆无丘垄之处。"东汉崔寔在《政论》一书中也说"古者墓而不坟,文、武之兆,与平地齐"。根据考古发掘,这些记载是比较可信的,河南安阳市发掘的殷王室墓群,虽然墓穴规模巨大,但都是墓与地平,没有坟丘。

根据文献记载,有土丘的坟墓在中原地区的出现大约在春秋中期,《礼记·檀弓上》说,孔子去世后,孔子的弟子引用了孔子生前的一段话,说:"吾见封之若堂者矣,见若坊者矣,见若覆夏屋者矣,见若斧者矣。从若斧者焉,马鬣封之谓也。"明确说明了在孔子之前就有这四种不同形状的土丘坟。孔子幼年丧父,不知父亲葬在哪里,后经多方寻找,才找到了父亲的墓地,孔子感叹地说:"古也墓而不坟,今丘也,东西南北之人也,不可以弗识也。于是封之,崇四尺。"孔子为了便于识别父亲的墓,在基地上堆起四尺高的坟丘做个标记。这四尺高的坟头,大概就是马鬣封。孔子死后,葬地也起坟堆。《史记·孔子世家》记载"弟子及鲁人往从冢而家者百有余室","鲁世世相传以岁时奉祀孔子冢"。冢者,坟也。土丘坟一经出现,很快由"不封不树"变为"又封又树",而且

▲ 孔子授业图

坟头的高低大小，坟地树木的多少已成为表明死者身份的一种标志。《周礼·冢人》所谓"以爵等为丘封之度与其树数"，"尊者丘高而树多，卑者封下而树少"，说的是土丘坟体现了墓主人的身份地位。《史记·文帝本纪》中说："不治坟，欲为省。"说明当时治坟是很费力费钱的事，有没有坟已经成为墓葬的重要标志了。那时的王公贵族"丘垅必巨"，高大若山，树之若林，已形成风气，并且制度化和规范化。就是民间的一般墓葬，起坟植树也是普遍现象。"坟墓"、"丘墓"连称，在文献中已屡见不鲜了。

随着坟墓礼制的出现，又有了许多有关坟墓的名称，如丘、冢、陵、山等墓地的称呼，虽然形式各异，但它们都是埋葬死者的地方。

春秋时期出现土丘坟。秦汉以后，几乎是无墓不坟了。汉代对坟丘的高度作了明文规定，对违反制度者给予惩罚。唐代在汉代的基础上加上方形墓。在整个封建社会，坟墓等级分明，官爵越高，墓地越大，坟头越高。郑玄提到"汉律曰列侯坟高四丈，关内侯以下至庶人各有差"。后世制度更为严密，唐、宋、元、明、清五朝的典章对不同品官和庶人墓地的大小都有具体的规定。

■ 墓葬的变迁

墓葬，是埋葬死者的场所。墓葬起源于灵魂观念和祖先崇拜。古代人认为，人死但灵魂依然活着，是到另一个世界去了。这些不死的灵魂，还能回到人间来降临祸福。因此，人们对于死去的祖宗除了存在感情上的怀念之外，还希望他们在另一个世界过上美好的生活，并对后代子孙赐佑降福，为此应该善待死去的祖先尸骨，这样就产生了墓葬。

我国古代的墓葬，从无到有，从小到大，从简朴到繁杂，经历了一个漫长岁月的沧桑变迁。其间，受到社会生产力水平和社会组织形态的制约，在不同阶段表现出不同的形式和特点。

北京周口店山顶洞人洞室（居室内）墓葬的发现，说明至迟在旧时器时代晚期，先民们已按一定的方式埋葬死者，山顶洞人将洞穴的上层作为居室，下室作为埋葬死者的墓地，这是"墓"的起源。

我国各地新石器时代的墓，墓坑一般小而浅，仅能容纳尸体。一般也没有木棺椁类葬具，只在大汶口文化后期的少数墓葬中，墓坑较大，坑内沿四壁用木材垒筑，上面又用木材铺盖，这构成了葬具——木椁，这大概是由于墓主人的身份、地位比较特殊。幼儿死后，一般用陶器作葬具，即所谓"瓮棺葬"。

新石器时代墓葬随葬品以陶器最为普遍，其次是石制或骨制工具。男子墓内多为石斧、石铲、石刀之类，女子墓内多为陶制或石制纺轮，说明男女在生产中有了明确的分工。在同一墓地中，各墓的随葬品多寡相差无几，这说明在原始社会中，各个氏族成员在经济地位上是平等的。但是，到了新石器时代后期，在随葬品上就出现了较大的差异，如大汶口文化晚期的少数较大的墓，随葬的陶器多达一百多件，猪头多达十余个，这说明已经出现贫富分化，墓主

▲ 瓮棺葬

人拥有比一般人更多的财富。与此同时，新石器时代晚期在氏族墓地内出现了相对独立的家族墓群，这表明拥有私产的父系家族开始崛起。

商代处在我国奴隶制社会的盛期，社会生产力有了较大的发展，商人信仰鬼神，神鬼为本，所以墓葬在商代有了较大的发展，已出现墓道、墓室、椁室和地面建筑。无论从墓葬的规模、形制，还是墓室、棺椁和随葬品来看，商代都是我国墓葬发展的一个重要阶段。

氏族或家族墓区特征大大强化，殷墟王邑发现的大小墓地不下几十处，有王陵区、贵族家族墓地、一般氏族组织墓地、普通贫民或奴隶墓地，井然有序，在墓地制度上存在着严格的阶级和等级差别。

从椁室和葬具来看，商王和各级贵族墓，墓室内用木材筑成椁室，殓尸的葬具都是木棺，放在椁室正中。平民墓有的有椁有棺，有的有棺无椁。无论是贵族墓还是平民墓，墓中主人只有 人，没有夫妻合葬现象。

从随葬品看，商王和各级贵族墓的随葬品十分丰富、精美，有青铜器、玉石器、陶器、漆器和骨角器等。此外，大量使用人和牲畜殉葬。

西周的墓葬制度承袭商代，继续实行以血缘为纽带的聚族而葬制度。诸侯、贵族大墓，有的是设有两个墓道的"中字形"墓，有的是设有一个墓道的"甲字形"墓。除上述两种类型的大墓以外，绝大多数的墓仅有长方形的墓室，不设墓道，规模大小因墓主人身份高低而有较大差别。

棺椁制度有严格等级，所谓"天子棺椁七重，诸侯五重，大夫三重，士再重"。考古发掘证明，有些大型和中型墓，在椁室内置双重棺，可见史书记载大致可信。

诸侯、贵族等随葬品以各种青铜礼器为主。与商代相比，酒器减少，食器增多。在各种食器中，鼎和簋最重要。周代礼制规定：天子用九鼎、诸侯用七鼎、大夫用五鼎、士用三鼎或一鼎。杀人殉葬制度在西周前期仍普遍，西周中期以后则稍微减退。此外，西周已出现了夫妻合葬制度。夫妻分别葬在两个互相紧靠的墓坑中，所谓"异穴合葬"。

春秋战国时期，是我国奴隶制向封建制转变的历史时期，各地经济、文化发展不平衡，在意识形态领域内陈旧的等级礼制开始动摇，表现在墓葬制度上，地面普遍出现坟丘，墓内规制也随之日趋复杂、奢华。许多诸侯贵族墓在地面上筑有坟丘，坟丘一般用夯土筑成。战国时代的大墓，往往在墓室内积石以加固、积炭以防湿。河北平山中山王墓附近发现六座陪葬陵，说明陪陵制度已发现。此外，在关中和中原地区战国晚期墓中，出现以横穴式土洞墓，以及一种体积庞大的空心砖筑成的椁室墓。

汉代是我国墓葬制度发展史上又是一个划时代的变化时期，其主要的变化表现在：汉代墓葬与前代墓的形制和构造上的区别，主要在于普遍用横穴式的洞穴作墓坑，用砖和石料筑墓室，其特点是模仿现实生活的房屋。

贵族的大墓在山崖中穿凿巨大的洞穴，作为墓室，故称"崖墓"。全墓可分耳室、前室、后室等部分，墓的形制和结构完全模仿房屋，故称"地下宫殿"，如河北满城的中山靖王墓和山东曲阜的鲁王墓。

西汉出现一种空心砖墓，墓室呈长方形，形状似木椁。到了西汉后期，它的顶部往往搭成屋顶状，前壁搭成门的样子，就像房屋一样。砖面上的花纹，成了墓室内的装饰，在墓室内施彩色的壁画，内容有天象图、四神图、神话传说和历史故事等。这些题材在东汉墓内的壁画和石刻图像中得到进一步发展。

▲ 西汉砖室墓

西汉中晚期，在中原和关中出现由小型砖建筑的墓——砖室墓。到了东汉时，砖室墓迅速普及，成为全国流行的一种墓。

西汉晚期出现一种石室墓，到东汉时盛极一时，墓室中雕刻着画像，故称"画像石墓"。墓室的结构和布局，也是仿照现实生活中的住宅。

此外，汉代墓葬制度方面的新变化还表现在：西汉棺材用榫卯拼接，东汉普遍用铁钉；除帝陵外，流行夫妻同墓合葬；皇帝和贵族穿玉衣入葬；东汉墓中有时还随葬一种买地的契约——买地券；普遍筑坟丘，形状呈方形覆斗状；东汉墓前盛行建石阙，并置人物、动物的立体石雕像，还流行墓地上立石碑。

魏晋南北朝时期，墓葬制度大体上承袭汉代。在墓葬上的主要变化有：魏晋以后，画像石墓减少，贵族和官僚墓一般为砖室墓；各地流行在墓室中设棺床，以安置棺木；到了北魏，有的墓室隧道的顶部开天井，直通地面，还出现石椁，其形状完全模仿房屋；从西晋开始，陶制的镇墓兽流行，墓内一般置墓志。就砖室墓而言，依其墓室多少可分为单室、双室、多室，依其结构可分为凸字形券顶、长方形券顶、穹窿顶等。除砖室墓外，还有土坑墓、石室墓和崖墓等，其中以砖室墓最为流行。

唐代墓葬大致可以以长江为界分南北两大区。北区唐墓根据其构筑材料和开凿形式，又可分为双室砖墓、双室土洞墓、单室砖墓、单室土洞墓和土坑墓五类，唐代较大的墓葬一般都绘有壁画；南方唐墓可分为砖室墓和土坑（或土洞）墓两大类。

北宋时中原和北方地区墓葬可分为土坑墓和砖室墓两类，南方以竖穴土坑墓为主，也有长方形砖室墓，到南宋时，长方形砖室墓增多。

明代一般官僚地主的墓葬，多为简单的长方形砖室墓，但讲究棺椁密封与防腐措施。清代基本上承袭明代的墓葬制度。

■ 墓地的选择

很早的时候，人们就对墓地进行某种选择。山顶洞人将死者埋葬在下室，与人居处分开来，不仅是阴阳分离观念支配的结果，同时也是人们对于死者安置中的一种葬地选择。后来，这种选择出现在原始社会氏族墓地之中，并一直延续，成为中国丧葬习俗中最独特也是最神秘莫测的内容。

1. 历史上的相墓术

古人知道，人死是不可改变的规律，于是人们就用非常隆重的仪式来对待它，这就是丧俗。而死后又需要一个安身之处，于是在葬俗文化发展过程中，就形成了个性鲜明的墓地选择习俗。后来将这种墓地选择叫做风水，而在早期人们称之为相墓术。

相墓术，顾名思义就是勘定墓葬的地域、方位以及与水、山环境等关系的一种术数。在很早的时候，人们就相信相墓术能改变人的命运。《后汉书·袁安传》载："安父没，母使安访求葬地，道逢三书生，问安何之，安为言其故，生乃指一处，云'葬此地，当世为上公'。须臾不见，安异之。于是遂葬其所占之地，故累世隆盛焉。"这段话

▲ 袁安像

的意思是说，袁安的父亲去世了，袁安的母亲让他去找一块墓地。在寻找的路上，袁安碰到了三个读书人。他们问袁安要到哪里去，袁安就把母亲让他寻找墓地的话说了一遍。这时，读书人指着一处地方说："如果葬在这个地方，你们家将世代出大官员。"说完就不见了。袁安非常惊奇，就按读书人所指的地方安葬了父亲。果然，后来他们家非常发达，大官辈出。史载袁安为东汉初年汝阳（今河南商水西南）人，位至太仆、司空、司徒，其子孙世代为大官僚。

《晋书·羊祜传》也记载了一个传奇故事："（羊）祜年五岁，时令乳母取所弄金环。乳母曰：'汝先无此物。'祜即诣邻人李氏东垣桑树中探得之。主人惊曰：'此吾亡儿所失物也，云何持去？'乳母具言之，李氏悲惋。时人异之，谓李氏子则祜之前身也。又有善相墓者，言祜祖墓所有帝王气，若凿之则无后，祜遂凿之。相者见曰'犹出折臂三公'，而祜竟堕马折臂，位至公而无子。"翻译成白话就是这样的：羊祜那年五岁，让奶妈去取一付金环。奶妈说："你没有金环呀。"羊祜便到李姓邻居东边墙脚的桑树下找到了金环。李姓主人惊讶不已，说："这是我死去的儿子丢失的东西，你怎么找到的？"奶妈就把这事前后说了一遍。李姓人家想起自己的儿子，非常悲伤。当时的人就说，羊祜是李姓儿子投胎转世而来。还有一事，有一个善于看风水找墓地的人，放出话来说，羊祜祖上的墓地有帝王气，假如挖断了（龙脉）便会断子绝孙。羊祜就把它挖断了。看风水的人见了，又说："即使这样，还是要出断臂三公。"不久，羊祜竟然从马上掉下来折断了胳膊，而他也果然做到了三公，但确确实实没有儿子。

这些神奇的传说和附会，极大地推动了当时关于墓葬选择的信仰和实施。当然，我们也可以想见，当时人之所以盛传这些离奇的故事，乃是人们相信，选择一个风水宝地，能从根本上改变本人以及子孙后代的命运。

相传相墓术起于郭璞，现存《葬经》即为其阴宅风水术的开山之作。郭璞之后，相墓术在大江南北，尤其是江南地区广为流行。上至帝王，下至平民百姓，都把自己的命运托付于墓葬风水术。南朝宋武帝刘裕之父的墓葬于丹徒候山，此地在秦代时就断定为有天子之气的地方，于是果然出了南朝宋的开国君主。史载："（宋武帝）皇考墓在丹徒之候山，其地秦史所谓曲阿、丹徒间有天子气者也。时有孔恭者，妙善占墓，帝尝与经墓，欺之曰：'此墓何如？'孔恭曰：'非常地也。'"说的是南朝宋武帝父亲的墓葬在丹徒的候山上，这个地方在秦代史书当中就有记载，是所谓在曲阿、丹徒有天子气的那个地方。当时，有一个叫孔恭的人，非常善于看墓地风水。宋武帝曾经让他看看他父亲的墓地，随口问他说，这墓如何？孔恭说："这是一块非常好的风水宝地。"

从秦汉的望气到魏晋南北朝的相墓，一直到唐代之后，墓葬风水术成为葬俗中人们非常看好的一种文化。

2. 墓地选择的风水观念

风水又叫堪舆、地理、相地术、相墓术、青乌术、青囊术等，是原始先民结合自己的居住环境而形成的一种活人与死者"居住地"选择的技术性文化，它在不同程度上体现了古人对于居住环境在山的走向及表势、水的流向和风的方向等方面的先验性判断。

风水观念出现得非常早，从卜宅到相宅，经历了一个从神判到人判的过程。一般的观点认为，到秦汉魏晋时，风水理论已经初步形成。对于丧葬中的风水，也称相墓术，是选择阴宅的一种理论和技术。汉末的郭璞是相墓理论的开山鼻祖和集大成者。《晋书·郭璞传》记载，郭璞曾受业于郭公，郭公从青囊中取书九卷给他，从此，郭璞便精通五行、卜筮之术。史载："郭璞，字景纯，河东闻喜人也。父瑗，尚书都令史。时尚书杜预有所增损，瑗多驳正之，以公方著称。终于建平太守。璞好经术，博学有高才，而讷于言论，词赋为中兴之冠。好古文奇字，妙于阴阳算历。有郭公者，客居河东，精于卜筮，璞从之受业。公以《青囊中书》九卷与之，由是遂洞五行、天文、卜筮之术，禳灾转祸，通致无方，虽京房、管辂不能过也。"《晋书》中说，郭璞的父亲就非常有才学，郭璞本人则更是好学不倦，才高八斗，精通经文和术数，但不太会说话。在阴阳历算方面，则更有精深的造诣。后来，他从师于郭公，得到《青囊中书》九卷，于是便能上通天文，下知地理，成了著名的风水大师。

据说，郭璞结合自己的实践写了《葬经》一书，将葬地与堪舆术加以系统化和理论化，成为风水术的一代宗师。郭璞认

▲ 风水鼻祖郭璞

为："葬者，乘生气也。夫阴阳之气噫而为风，升而为云，降而为雨，行乎地中而为生气。生气行平地中，发而生乎万物，人受体于父母，本骸得气，遗体受荫。盖生者气之聚，凝结者成骨，死而独留，故葬者反气内骨以荫所生之道也。经云：气感而应鬼福及人。是以铜山西崩，灵钟东应，木华于春，粟芽于室，气行乎地中。其行也，因地之势；其聚也，因势之止。丘垄之骨，冈阜之支气之所随。经曰：气乘风则散，界水则止。古人聚之使不散，行之使有止，故谓之风水。"非常明显，郭璞在这儿把生者与死者及自然山势丘垄水流糅合在一起，使墓地与生者建立联系，从而使风水理论与埋葬进一步理性化、体系化。

3. 民间墓地选择的主要原则

在民间，墓地的选择非常有讲究，虽然无法做到与明清皇陵一样讲究极其标准的风水模型，也不允许有偌大的气派来完成这种只能由皇家才能做到的大手笔，但人们在埋葬死去的亲人时，对于风水的一般原则，还是坚定地支持并在实践中实行的。在全国的大部分地区，尤其是在江南的吴越地区，下述几点就是人们选择所谓风水宝地时经常需要遵守的：

（1）选择有水回绕的地方建墓。

这在平原地区比较突出，原因是在风水理论中，强调得水为上。加上平原地区无山可依，人们只能通过对水的选择来完成风水理论中的最基本要素。

（2）选择有水又有山的地方建墓。

这在丘陵地区和山区表现得比较突出。这种模式既注重了水，同时又照顾了山。但山与水一般的情况下并不会完全按照风水理论来生长，于是人们只能退而求其次，只要有山有水也就将就了。至于朝向和流向以及环绕与否，则可以不予严格的计较。但如果有山环水绕的佳构，则常常被作为风水意义的墓葬的首选之地。

（3）选择朝向南或东的方向建墓。

按照风水的一般理论，选择方向是与整个环境结构紧密结合在一起的，一般以坐北朝南为标准。事实上，对于居住在北半球的人来说，这种朝向是最适宜于人类居住的方位。而在民间的墓葬风水行为中，常常还要结合山的走向，一般大致朝南或东就可以。这与阳宅选择中的朝阳是一致的。在南方，这种选择与温暖、干燥、蓬勃向上、草木欣欣向荣等都有内在的关联性。

（4）选择高处和面向开阔的地方建墓。

选择高处，可以有气势，高瞻远瞩；选择面向开阔的地方，则有发展前途。人们相信，死者与活着的人一样，在其居住的墓葬上，必须高阔才有各种运道相伴而生。所以，选择高处和面向开阔的地方，几乎成为沿海地区民间墓葬的一个非常重要的前提条件。

（5）选择山清水秀的地方建墓。

古人云："青山有幸埋忠骨"，青山，主要是指植被茂密、树木葱郁的地方。这些地方，一般都有好水，实际上符合了山环水绕的原则。当然，这只能指整体情况，江南大部分地方都有山清水秀的佳构，是否作为选择的前提，同时还要考虑其他一些因素。如虽然山也清水也秀，但却是一些乱石岗，积大稀薄，或属于过山独山断山，这是民间在墓地选择时特别忌讳，并将之排除在外的。

上述原则仅仅是民间对于墓地选择与风水观念相结合的经验性的总结，人们在现实中往往会考虑一个或多个综合因素后进行选择；或者因为地理环境的限制，或者因为财力物力的限制，无法完成相关风水的信仰而采取权宜之计。

　　旧时，绍兴百姓对殡葬极为重视。为了选块好的"风水"墓地殡葬先人，往往不惜巨资，不计岁月，聘请"风水"高手，踏遍山山水水，寻找"风水宝地"，甚至有先人已亡故十多年而未入土，暂殡于寺庙、殡屋之中者。当然，这是缙绅巨富之家干的蠢事。也有的人家，主人尚在盛年，就早做准备，请"风水先生"踏看福地，建造"寿穴"。

　　据说，"风水"好的地理条件，大致是前有"照山"，后有"戤山"，左右有"靠山"，所谓前"朱雀"，向阳高燥，后"玄武"，草兴木茂，左"青龙"，右"白虎"，虎踞龙盘，土质厚实，必是发祥之地，子孙兴旺，簪缨相继。"风水"先生凭"相盘"（一般称子午盘）勘察地形，掬土以验土质。"青乌之术"倒有不少学问，所以著名的堪舆家，不少是饱学之士，有的还是"两榜出身"，官而后"家"者。

　　从明清到民国时期，平常百姓，只要是请得起"风水"先生之家（风水先生也有上中下之别），殡葬之前也总是要请风水先生"格格相盘"，看看葬地是否适宜。唯独贫苦人家，人死了有的甚至连棺材也置办不起，只能用蒲包、草席捆扎成"浑身掉"，悄悄地抬运出去，找块近处荒野之地，一埋了之。但穷人也不是愿意世世代代穷下去的，也想求块好风水，使子孙后代翻过身来。然而请不起"风水先生"，怎么办？"扁担'相'"就是由此而形成的一种风俗。

　　贫穷人家把殓入"薄皮棺材"或扎成"浑身掉"的先人，悄悄地抬到荒山野地，由长子或长孙拿着一根竹制或木制的扁担，面朝先人遗体，先虔诚地叩头行礼并念念有词地祷告："大人泉下有知，找得风水宝地，有劳扁担公公，指出头东脚西。"祷告罢，就把手中扁担抛向空中，待扁担落地后，在落地处，按扁担的头尾部位，掘土成穴，把先人埋葬下去，然后垒土成丘。

民间习俗认为，风水既然是神秘的，并且是与神秘的力量和影响联系在一起，那么，它必定与神灵有着某种关联，而通过虔诚的和独特的方式，可以让神灵起到独特的作用，因而也就不需要通过风水先生这一中介来完成墓地的选择，这就是神卜型自主选择墓地形成的心理机制。民间相信，如果你的祈求真的发生了作用，那么，如此而获得的墓，将会比风水先生确定的更有实际的效用。

不过，风水是建立在一种中国传统文化对山水、方位等的认知基础上，解释人与自然，尤其是与居处、与死者的墓地关系的不可验证的文化。即使今天，有许多人还试图将之与现代环境科学等联系在一起，可见它的那种先验的、与信仰紧密相连的本质，仍是无法回避的。所以，我们应该理性地对待这种习俗。

■ 墓葬的棺椁

棺椁是埋葬死者的葬具。在中国古代棺和椁是不同的，"棺"是殓尸的用具；"椁"是套在棺外面的或绕棺四周的匣子。《说文》段注："木椁者，以木为之，周于棺，如地之有郭也。"棺椁都是埋葬死者最接近死者的用具，用以盛尸。棺椁作为埋葬死者的用具，是一定历史时期的产物。

远古时代，人死后并不用棺椁，直到后来，随着墓葬制度的发展而逐渐产生的。即所谓"古之葬者，衣之以薪，藏之中野，后世圣人易之以棺椁。棺椁之造，自黄帝始"。说黄帝始造棺椁这是汉人的比附。根据考古资料证实，我国新石器时代墓葬中就已开始用棺椁，而且棺的产生比椁还要早，而在此之前，死者都是直接埋入土中，不用殓尸的棺。

目前发现时代较早的棺具多为石制或陶制而成。如江苏连云港市灌云县大伊山遗址发现的距今6000年左右的石棺墓，系用天然石片制成，用石板嵌入墓坑作棺壁，再在棺壁上覆盖石片作棺盖；距今约5000～6000年的仰韶文化时期的瓮棺葬，系用陶瓮、陶钵、陶盆等作儿童的葬具；在辽宁红山文化墓地、甘肃半山文化墓地以及江苏吴县草鞋山崧泽文化墓地等新石器时代墓中均发现石棺墓，除石棺、陶制棺外，新石器时代也出现了木棺墓和树皮棺墓。木棺墓系由木头加工成板材，再用板材搭接成长方形箱式的葬具。现知最早的木棺墓是西安仰韶文化半坡墓地出现的木棺墓。青海马家窑文化墓地也流行木棺墓，甘肃齐家文化墓地发现用一段独木挖空而成的独木棺。江苏南通吉家屯新石器时代遗址中发现别具特色的树皮棺，系由树皮镶接成规整的棺具。

木椁、石椁在新石器时代也已出现。山东大汶口文化后期墓葬中，墓坑沿四壁用木材垒筑，上面又用木材铺盖，构成木椁。陕西华县元君庙仰韶文化第458号老年男性墓，在长方形土坑墓内的四周二层台上，堆放三至四层砾石，形成早期石椁。此后河南、山东的龙山文化、内蒙古和辽宁的夏家店文化、青海的马家窑文化墓葬中都出现了木椁、石椁墓。

新石器时代棺、椁的使用为夏商周时期棺椁制度的发展奠定了基础。

夏代已开始使用髹漆的木棺葬具。河南偃师二里头遗址已出现这类木棺葬具，并成为墓葬中葬具发展的主要方向。

商代前中期，木质葬具获得空前的普及和发展。郑州二里岗为代表的商代早中期墓葬中，中、大型墓通常是棺、椁并用，绝大部分小型墓也都有木棺。以安阳殷墟文化为代表的商代晚期墓葬，除属于奴隶、战俘的坑葬、祭祀墓外，都毫无例外地使用木棺或椁，且多经髹漆，漆色主要有红、黄、白等。中大型墓多见以椁代棺，且椁室十分讲究，椁室依墓室形状而呈亚字形、中字形、甲字形和长方形。也有椁、棺并用，如著名殷墟妇好墓就是同时使用木棺加椁作为葬具的。

西周时期的墓葬，凡属奴隶主贵族阶层的大、中型墓，均流行棺、椁并用的习俗，个别讲究者出现重棺、重椁或椁中分室的现象。考古工作者在陕西宝鸡菇家庄一号西周墓中，发现墓室的中央有木椁，木椁分为甲、乙两室，甲室内置一木棺，乙室内有内外重椁。西周小型墓中讲究者也是棺、椁并用，但大部分小型墓有木棺而无木椁。西周时期木棺、椁也大多流行髹红漆的习俗。

西周在木棺、椁的使用上有严格的等级化和制度化的倾向。即所谓"天子棺椁七重，诸侯五重，大夫三重，士再重"。根据考古发掘调查表明有些大型墓和中型墓，确有在椁室内放置双重棺的情况。

春秋战国时期的棺椁，仍然存在着严格的等级制度。不仅对棺椁的使用重数作了具体的规定，而且对棺椁的大小、色彩等也有严格的规定。《礼记·檀弓上》和《礼记·丧大记》记载："天子棺椁四重，诸侯三重，大夫二重，士一重"。装天子尸身的棺以水牛革蒙在棺木四周，叫"革棺"；第二重叫椑，用椴木制成；最外面的两重都用梓木，内层称属，外层叫大棺。"君大棺八寸，属六寸，椑四寸。上大夫大棺八寸，属六寸。下大夫大棺六寸，属四寸。士棺六寸"，"君松椁，大夫柏椁，士杂木椁"。此后历代丧制所定的"棺椁"基本上按照这个标准而定。考古发掘证实，这一时期诸侯贵族的大墓，多用多重棺椁。

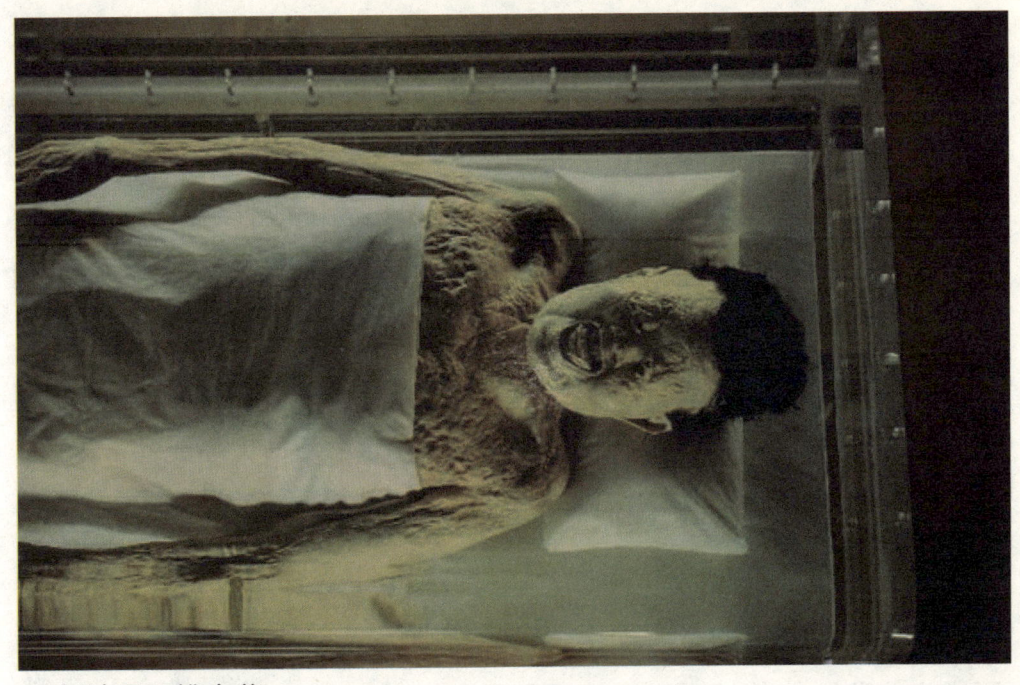

▲ 长沙马王堆古墓

如湖南湘乡牛形山发现的楚墓，棺椁多达五重；湖北随县曾侯墓，椁室宏大，分隔为四个部分，棺为双重木棺，都髹漆施彩绘；河北中山县中山国王墓，使用一椁四棺，即石砌椁室一重，内有木质葬具四层，它们与文献记载基本符合。春秋战国时期，棺椁的制造越来越考究，不仅制作精良，且上面绘有彩绘。

棺椁制度发展到西汉已日趋完备。汉代帝陵因尚未发掘情况不得而知，但诸侯王墓已发掘一批，证实基本上是一椁三棺。如长沙发现的长沙王妻子曹墓、长沙马王堆西汉第二代轪大侯墓、长沙象鼻嘴某长沙王墓、北京大葆台汉墓等都是如此。

两汉时期对棺椁的制作十分考究，等级差别也极为明显。诸侯王、公主、贵人都用楠木、梓木作棺椁，普通百姓一般用桐、杉，甚至用杂木，极贫困者用瓦棺。王侯贵族的棺饰极其精致复杂，有朱棺画棺、黑漆棺等多种。河北满城中山靖王刘胜妻子窦绾所用的漆棺外镶嵌着 26 块玉璧，内壁镶满玉版片，共用玉版片 192 片。长沙马王堆一号汉墓用四层套棺，外棺为黑漆素棺；二层棺是黑地彩绘棺，彩绘复杂的云气纹，以及穿插其间的众多神怪、禽兽图像；三层棺为朱地彩绘棺，彩绘龙、虎、朱雀、仙人等瑞祥图像；内棺内髹朱漆、外髹黑漆，再饰以绒圈锦和羽毛贴花绢，可谓极尽工巧。

对于皇室成员和高官勋臣，常常能得到皇帝梓宫、便房和黄肠题凑棺具。所谓"黄肠"，是指制椁的木料全部采用柏木的姜黄色木心；所谓"题凑"，是指制椁时，将黄色柏木心端头都朝向内方。这种椁只有天子能用，当然极为名贵，但汉代皇帝也往往把它作为一种特别的恩赐，赏给死去的皇族勋臣，以示特别优待和荣宠。如汉代高官勋臣霍光、董贤等曾被赐以"黄肠题凑"棺具。1974 年 6 月在北京丰台大葆台发现的汉代广阳顷王刘建之墓，完全按皇帝规格修建，五重棺木之外，是极为考究的木椁玄宫——黄肠题凑。

▲ 霍光像

汉代十分重视棺椁的制造，在皇室之内专门设立制造棺椁的机构，负责皇帝棺椁木材的采集和棺椁的制造加工。京师贵戚的棺椁一般都用南方的楠、梓木做成，而楠木、梓木生长于南方的深山崇岭之中。为了得到这种木材，不惜劳民伤财，役使百姓深入深山穷谷，跋涉艰难险阻砍伐棺椁之用的楠木、梓木,不远千里运到京师,精工细雕做成所谓的"梓宫"、"便房"、"黄肠题凑"棺椁。一套棺椁的制造耗资巨大,这也是汉代厚葬在棺椁上的反映!

西汉时期以后,砖室墓和石室墓开始出现,椁室开始由空心砖和画像砖堆筑而成,墓室本身就成了椁,称为"砖椁"或"石椁",从而开始取代传统的土坑木椁墓的地位,使原先的棺椁制度迅速由盛走向衰弱。

魏晋南北朝时期,贵族官僚们墓一般为砖室墓。砖室替代了过去的椁,砖室由砖雕砌而成,模仿地面上的木构建筑。

唐代棺椁制度的最大特点是椁室主要为石室、砖室所取代,但也有用石椁、石棺作葬具的。经考古发掘而知的尉迟敬德墓、郑仁泰墓、永泰公主墓、懿德太子墓、章怀太子墓、淮阳王墓、虢国公杨思勖墓等都是石椁墓;荆州刺史张士贵墓、明威将军高元圭墓等系由石棺作葬具。此外,唐代吐鲁番地区还有纸棺;佛教埋舍利时使用金棺银椁也很有特色。

宋代承袭唐代,椁室仍以砖室和石室为主,所不同的是墓室(椁室)仿木建筑发展起来,平面从方形、圆形发展到多角形;从单室到前后形室;从简单的一斗三升托替木发展到五铺作重拱;从普通窗发展到雕花格子门……墓室越来越朝仿木建筑化发展,即所谓的"皇堂"。

到了明清,椁室的发展达到了高潮,

▲ 明神宗朱翊钧像

尤其是帝王的墓室发展成地下宫殿，1970年发掘的四川成都明蜀王世子朱悦廉墓，规模宏大，装饰华丽。整个墓室由三个砖筑纵列式筒拱券组成，全长33米，包括墓室大门、前庭、二门、正庭、正殿、中庭、圜殿、后殿以及左右两厢和耳室，模拟当时王府宫殿建筑，浑如地下宫殿。北京明神宗定陵金丝楠木棺和地下宫殿更是精致无比。对庶人用棺，明代规定只能用油杉、柏木、松木，只能用黑漆、金漆，不能用朱红。

我国古代的棺椁制度，从最初的原始的殓尸葬具，到商周的多重棺椁，到汉代的精致彩棺和"黄肠题凑"，唐代的石室、石棺、石椁，宋代的仿木建筑"皇堂"，发展到明清，帝王的墓室（椁室）成了罕见的、宏丽无比的"地下宫殿"和金丝楠木棺，经历了一个漫长的历史发展过程。

■ 安葬的方式

古人的安葬方式有很多种，墓葬是最常见的方式，还有火葬、水葬、天葬，等等。

1. 墓 葬

墓葬，在古代社会发展和文明进程中是一件十分重要的事情，留下了十分丰富的物质和精神财富。今天保存下来的许多文物古迹不少就是坟墓的遗迹、遗物。

我国由于历史悠久而且连绵不断，加之崇拜祖先的习俗和厚葬制度的盛行，历代各阶层各种类的墓葬，从帝王陵寝到平民百姓的大小坟墓，几乎遍布青山绿野，数量之多，难以胜计。近代科学研究表明，墓葬起源于人们灵魂观念的产生，大概在原始社会的中期就已经开始了。认为人虽然离开了人世，但灵魂仍然活着，是到另一个世界去了。这些不死的灵魂，还能回到人间来降祸福。因而人们对于死去的祖宗除了存有感情上的怀念之外，还盼望他们在另一个世界过上美好的生活，并对本家族的后人加以保佑和庇护，这就产生了一套隆重的、复杂的、神秘的祭祀崇拜礼仪制度和埋葬制度。这一发展过程曾经历了几千年以至万年的漫长岁月，我们不仅从历史文献中可以看出，从考古发掘中也得到了丰富的物证。

由于厚葬制度的产生，历代统治阶级把大量搜刮来的财宝用来为自己修建豪华的陵园和地下宫殿，并把大量的财宝埋进了坟墓之中。除了金银财宝之外，还有大量的日用器物、工艺美术品、文房四宝、图书绘画以及生产工具、科技成果等。可以说是无所不有、无所不包，真称得上是一座座地下珍宝仓库，今天看来则是一座座珍贵的地下文物仓库，一座座地下博物馆。这些埋葬物品之所以珍贵，还在于它们都是当时盛行的东西，都是当时特别制作的，比较准确地反映出当时的生产力、科学技术水平和生活习惯、艺术风格等。作为历史的见证，出土文物较之传世品更为可靠。埋藏在墓葬内的地下文物，由于数百年、几千年、上万年与外界空气阳光隔绝，恒温恒湿，保存条件良好，许多仍然是完整如新，光艳夺目。它们是一笔不可估量的历史文化财富，充分反映了古代先民和能工巧匠们的聪明智慧与技艺水平。

由于对祖先的崇敬与怀念，希望他们在另一个世界生活得好，以及盼望他们对本家本族的后人加以保佑和庇护，是古代所有人的愿望、全民的信念，因此，不管是帝王、官吏和平民，甚至是非常贫困的人都要尽自己之力为先人的安葬营建和置办葬品，因而从墓葬的形制等级、规模大小，随葬品的内容、多寡等也都反映出各个时期的人们的阶级地位和社会情况，反映了历史的一个侧面。各式各样的民间墓葬如悬棺葬、船棺葬、崖葬、水下墓和各种瓮棺等，它们的规模和埋葬品虽不如帝王陵墓之豪华与宏大，但其所反映内容之丰富多彩又是帝王陵墓所不及的。

中国墓葬，形成的直接原因是有关"阳间"的宗教意识作用于人类思想的结果。但是，生活在"阳间"的人们是无法了解"阴间"的生活法则的，人们只有根据"阳间"的模式来设计"阴间"的生活方式。因此，墓葬的形制和葬俗通常反映着当时社会的文化、人们的生活方式和风俗习惯。随墓主人而葬的随葬品通常表示着墓主人生前对这些财物和生活方式的占有性质。同一件随葬器物在不同时期、不同地点、不同墓葬甚至在墓葬中的不同位置所表示的意义也不相同。

因此，可以说中国古墓葬是中国古代社会生活及文化的反映。如果把中国古代社会比作一只航行在人类历史长河中的木船的话，那么中国古墓葬就是这只木船在水中的倒影。中华民族五千年文明历史的进程，在这里留下了深深的脚印。

我们伟大的祖国历史悠久，是世界上开发最早的文明古国之一，她那光辉灿烂的古代文化举世瞩目。那灿若繁星、瑰丽多彩的文物得以保存下来成为惊世瑰宝，与中国古墓葬的形成和发展有着直接关系。随着人类社会的进化，墓葬的形制和内容也随着发生变化，特别是几千年来厚葬之风相沿成习，遂使丰富多彩的生产、生活用品及奇珍异宝被随葬地下，使中国古墓葬逐渐形成了一个规模宏大而独具一格的地下博物馆。今天，当我们在这座地下博物馆里漫游探索的时候，仿佛还可以听到人类社会前进的脚步声呢！

今天我们认识中华民族几千年的文明历史，主要的依据是对古器物的鉴定和对古籍文献的研究。而墓葬中的随葬器物和竹帛古籍都是当时社会上最流行也最具代表性的器物和当时社会真实的文字记录，而且都适时地安全转移到了地下，免遭社会上焚烧删改之祸和受社会变迁的影响而保留着历史的真面目。

勤劳、勇敢、智慧超群的中华民族，不仅创造了文字，发展了历史，而且创造了丰富多彩的文化艺术，中国文字发明的本身就是艺术的创造。从这个意义上可以说"书画同源"。那精美绝伦的绘画艺术靠人世间的传递至今已不可多见了。但你若到这座"地下博物馆"里，漫步在那绚丽多彩的画廊中，那妙趣横生的神话故事，那惟妙惟肖的宫廷仕女，那栩栩如生的飞禽走兽，那生动逼真的生活写照都会使你目不暇接，大饱眼福。你会情不自禁地发出这才是真正的"历史博物馆"的惊叹！墓中壁画堪称中国古墓葬中的一大奇观。

中国封建帝王的陵墓，作为皇权统治的象征，其"高大若山"、"树之若林"，"地宫华丽不异人间"。随葬品达到了"虚地上以实地下"的程度。这是封建社会最高统治者在另一个世界上为自己安排的安乐窝。不过安乐窝里并不安乐，"自古未有不亡之国"，因之也就"未有不掘之墓"。盗墓之风因厚葬而起，生前为"天帝之子"，死后却成了盗墓贼的"猎物"。那一个个真龙天子们，死后被"弃尸荒野"者有之，被"烧取玉帛金缕，尸骨并尽"者亦有之，"撬嘴抠珠"甚至"倒悬"沥出肚子里水银的也不乏其例。

统治者既要修高陵大冢以示威严，又要豪埋奢殉以示富有，还要想到身后的安全，费尽心机设"机弩暗器"极力防范，"铁汁加固"以防不测，这又发展了中国古墓葬特有的"疑冢术"。"疑冢"无疑是为了死后的安全，但能够达到此目的的只不过仅元代皇陵而已。

中国古墓葬中又一奇特现象是"墓中无人"的墓特别的多，那原因自然又是千奇百怪的。传说中的古圣先贤几乎全国到处有其"衣冠冢"，而历史上许多有些名气的人物，他们死后坟墓也特别的多。甚至闹到后来，真假难辨，为争坟而打官司的事也时有发生。

2. 火 葬

我国历史上包括汉族在内的许多民族都实行过火葬。这种葬俗的流行地区之广，延续时间之长，对社会影响之大，仅次于土葬。

火葬在我国出现得很早，可追溯到数千年前的原始社会。1945年发掘位于甘肃临洮寺洼山新石器时代遗址时，在一座墓葬的陶罐中盛有火化后的骨灰，这是迄今发现的年代最早的火葬实例。先秦诸子中已有关于火葬的记载，《墨子一节葬下》云："秦之西有义渠之国者，其亲戚死，聚柴薪而焚之，熏上，谓之登遐，然后成为孝子。"义渠属古代西羌族的一支，地近秦国，当时主要活动在今甘肃庆阳一带。《吕氏春秋·义赏》云："氐羌之民，其虏也，不忧其系累，而忧其不焚也。"意思是说他们被其他部族俘获以后，并不惧怕捆缚囚禁之苦，只是担心死后不能得到火化。可知火葬是该民族最理想的安葬方式。上述材料说明，火葬的习俗至迟在先秦时期就已经开始流行，当时采用火葬的主要是西北地区的羌、氐等少数民族。

汉、唐时期，火葬的流行地域逐渐扩大，但仍主要集中在少数民族地区。汉代汶山郡的冉駹夷，"死则烧其尸"（《后汉书·南蛮西南夷列传》）。原属汉代日南郡象林县的南朝林邑国，"死者焚之中野，谓之火葬"（《南史·夷貊上》）。唐贞观四年（630），东突厥首领颉利可汗被唐将俘获，数年后死于长安，"从其礼俗，焚尸于灞水之东"（《旧唐书·突厥上》）。

唐代以前的史籍中没有关于汉族实行火葬的记载，这里仅可举出一条埋藏在地下的文物资料，1928年出土的《汉五凤石函记》有如下文字：

惟汉五凤二年，鲁卅四年，六月四日，校尉卜伊讨北海，四十战，卒上谷，火葬家焉。

"五凤"是汉宣帝的年号，五凤二年即公元前56年。汉族火葬的历史虽可追溯至西汉时期，但直到唐代，这种葬俗尚未被汉人普遍接受。

大约在五代时期，火葬在汉族中逐渐流行开来。《新五代史·晋高祖皇后李氏传》记载，后晋亡国后，晋出帝和部分皇室贵族被契丹人掠往建州，李太后临终前遗言出帝："我死焚其骨，送范阳佛寺，无使我为虏地鬼也。"帝从其言，"焚其骨，穿地而葬焉"。同书《晋高祖安太妃传》记载，安太妃卒于自辽阳徙建州途中，临卒谓出帝曰："当焚我为灰，南向扬之，庶几遗魂得返中国也。"死后焚尸而葬。李太后和安太妃为后晋皇室的重要成员，她们死后都是火葬的，说明汉人实行火葬在当时已不是个别现象。

宋、元之际，火葬风靡各地，是古代火葬最为盛行的时期。《东都事略》记北宋初年葬俗："近代以来，遵用夷法，率多火葬。"《宋史·礼志》记南宋民间火葬："今民俗有所谓火化者，生则奉养之具唯恐不至，死则燔爇而弃捐之。"《大元圣政国朝典章》记载，元代"北京路百姓父母身死，往往置以柴薪之上，以火焚之。"意大利旅行家马可·波罗在宋末元初来到中国，用将近20年的时间遍游全国，他在相当于今天的宁夏、甘肃、河北、山东、湖北、四川、江苏、浙江等省区的许多地方，都亲眼看到了火葬的情况，并详细记载于《马可·波罗行纪》之中。除文献记载外，考古工作者还在全国的十几个省市发现了大量的宋元时期的火葬墓，遍布南北各地。

当时民间火葬的具体过程，各地不尽相同。《马可·波罗行纪》详细记载了今敦煌一带居民死后火焚的各种仪式：

人死之后，家属必须请阴阳先生选定焚尸的日期即所谓"吉日"，日期未到，尸体则停放于家，有的甚至要停放六个月之久。尸体用色彩斑斓的布帛裹覆，放在棺材之中。棺材要做得非常严密，不留缝隙，表面施有各种彩绘，棺内放很多樟脑香料，以除尸臭。停丧期间，每日必陈饮食于柩前桌上，供死者之魂"享用"。焚尸前，死者的亲属在灵柩经过的途中建一木屋，裹以金锦绸绢；柩过木屋时，屋内的人呈献酒肉和其他食物于柩前，让死者带到另外一个世界去享受。到了焚尸的场所，将盛尸的棺柩同预先用纸扎作的人、马、骆驼、钱币等物一起放进烈火焚毁，认为这样死者就会在阴间得到奴婢、牲畜和钱财，火葬仪式至此宣告结束。

▲ 意大利旅行家马可·波罗

马可·波罗还记述了江南水乡杭州的火葬习俗："人死焚其尸。设有死者，其亲友服大丧，衣麻，携数件乐器于尸后，在偶像前作丧歌。及至焚尸之所，取纸制马匹、甲胄、金锦等物并尸共焚之。"杭州城居民的火葬仪式似乎比敦煌一带简单。有些地方的火葬则更为简单草率，"亲死肉未寒，即举而付之烈焰"。

城市居民焚尸的场所一般都在城外，而且通常在佛教寺院中。南宋海盐县城西五里，有专门焚烧尸体的"焚化院"（《闲窗括异志》）；吴县城外通济寺内，设有"化人亭"（《黄氏日钞》）。宋理宗景定二年（1261）《申判府程丞相乞免再起化人亭状》云：

照对本司久例，有行香寺曰通济，在城外西南隅，可一里。本寺久为焚人空亭约十间，以网利。邪说谬见，久溺人心，合城愚民，悉为所诱。亲死肉未寒，即举而付之烈焰，权棒碎析，以燔以炙，余骸不化，则又举而投之深渊。

状文中详细描述了城外通济寺"化人亭"焚尸的情景。元代都市内严禁焚尸，必须到指定的离城较远的地方焚化，地点也多在寺院内（《马可·波罗行纪》）。有些城镇则在河边沙滩上焚尸，"衢人之俗，送死者皆火化于西溪沙州上"（《夷坚志》），禁止在人口稠密的城内焚化死尸，当时是从卫生的角度考虑的。

对尸体焚化后所余骨灰的处理，有多种方式。很多火化场设有"漱骨池"，骨灰置于池中。《清波杂志》记宋代浙右风俗：尸体在寺院焚化后，僧人"凿方尺之池，积洿蹄之水，以浸枯骨"，每逢节日，家人携带供品设祭于池边。有的将骨灰寄放在寺院，任僧徒处置，如河东一带"民家有丧事，虽至亲悉燔爇，取骨烬寄僧舍，以至积久弃捐乃已，习以为俗"（《倦游录》）。有的将骨灰投入"清冷之渊"，抛撒到江河水流中去。也有的把骨灰收贮在陶罐、瓷瓮、木匣、瓦棺或石棺内，修筑墓室，起坟埋葬，火葬后而土葬。目前发现的宋元时期的火葬墓，就属于这种情况。据元人李京《云南志略》记载，西南地区的少数民族对骨灰的处理又别具一格，或"葬其骨于山"，或"不收其骨"，弃之荒野。

民间的火葬在文学作品中也有反映。如《水浒传》第二十六回"郓哥大闹授官厅武松斗杀西门庆"描写武大遭潘金莲毒害身死后被火化的情景：

火家听了，自来武大家入殓。停丧安灵已罢，回报何九叔道："他家娘子说道：只三日便出殡，去城外烧化。"……第三日早，众火家自来扛抬棺材，……来到城外化人场上，便叫举火烧化。……何九叔把纸钱烧了，就揎摄烧化棺材。……棺木过了，杀火收拾骨殖，撒在池子里。

详细地记述了火化武大的全部过程，诸如入殓、停丧安灵、焚尸。处置骨灰等，与史籍中记载的火葬仪式大致相同。《水浒传》的作者施耐庵、罗贯中系元末明初人，长期生活在社会基层，游历甚广，他们记述的风土民情多为其耳闻目睹，是了解当时民间火葬习俗的珍贵资料。

明、清时期，火葬的习俗仍在民间流行，边远地区尤甚，"死者皆火焚"的现象比比皆是。明代杂剧《刘盼春守志香囊怨》有辞云："如今买了个棺材殓了他，众亲戚邻里都送出城去火焚了罢。"明末清初学者顾炎武在《日知录》中说："火葬之俗，盛行于江南。"清人黄汝成在集释《日知录》时描述了清代道光年间江南名城杭州火葬的情形："火葬之事，杭城至今犹沿其俗，至为惨伤，而长官不为禁止，士大夫不知动色诫谕，习为故常。"直到清代末年，河南开封一带还对夭折的幼童实行火葬，"如二三岁小孩因病殇亡，必焚其尸于野，使成灰随风而散，其意谓除其祸根，以保下胎之安宁也"（《清稗类钞·丧祭类》）。由于朝廷严加禁止，明、清时期的火葬已不如宋、元盛行，呈日渐衰微之势。

以上简单回顾了我国古代火葬的历史,人们不禁要问,古人为什么要实行火葬?我们从两个方面来回答这个问题。

首先,火葬的流行与佛教的输入有直接关系。佛教自东汉时期从西域传入中国以后,颇受封建统治者的厚爱,日渐昌盛,风靡一时,其影响波及到社会生活的各个方面,丧葬活动亦不例外。佛家是主张火葬的,即"戒火自焚",佛门弟子死后一般都实行火葬,南朝慧皎《高僧传》就记载了许多中外名僧焚身火葬的情况。随着佛教在民间的流行,火葬也逐渐为人们所接受。《寰宇琐记》云:

自释氏有火化之说,于是死而焚尸者所在皆然,美其名曰"火葬"。其间无赀营葬者半,惑于释氏之说者半。

其中明确谈到,很多火葬者是"惑于释氏之说",即受佛教影响的结果。马可·波罗在他的游记中多次说明,他所见到的焚尸者全都是"偶像崇拜者",即信奉佛教的人。宋、元时期的火葬场多设在佛教寺院之中,由僧人操办焚尸事宜。考古中发现的火葬墓,棺盖和墓志上常常写有梵文经咒,有的墓碑上还刻有佛像,这些死者实行火葬,无疑与他们的宗教信仰有密切的关系。上述情况都说明,古代民间流行的火葬,在很大程度上是受佛教习俗的影响。

其次,实行火葬也有经济上的原因。《宋史·礼志》云:"河东地狭人众,虽至亲之丧,悉皆焚弃。"《清波杂志》亦云:"河东地狭,民惜地不葬其亲。"在地少人多的地区,采用火葬不失为节省土地的一种好办法。宋人罗大经,《鹤林玉露》记载:"近京丞相仲远,豫章人也。崛起寒微,祖父皆火化,无坟墓。每寒食,则野祭而已。"丞相仲远的祖父、父亲之所以实行火葬,是因为家境贫寒、无资土葬所致。至于那些饥寒交迫的贫苦农民,既无钱财铺张丧事,亦无土地掩埋尸骨，只好火焚其尸、弃骨荒野。居住在城市里的破产商人、小手工业者和贫民阶层，也常常采用既简单又节省的火葬。据《梦梁录》记载，南宋杭州城内有些穷困潦倒者，"死无周身之具，妻儿罔措"，不用说土葬，就连最简单的火葬也无力置办，需要别人的资助。有行善积德的江商海贾，"则给散棺木，助其火葬，以终其事"。这些人实行火葬的动机并非"惑于释氏之说"，属于"无赀营葬者"。另外，一些远行在外的羁旅亡人和从军应役者，与家乡遥隔山水，死后不便送归灵柩，也往往以火为葬，焚尸扬灰于异地他乡。

火葬虽在古代盛极一时，但其境遇不佳，历来被封建统治者视为有伤风化的"恶俗"而屡加禁止。依汉族的传统观念，死者最理想的归宿是九泉黄壤，火葬"惨虐之极，无复人道"，是难以容忍的"焚如之刑"。在我国古代，一些生前恶贯满盈的"极恶"之人，死后往往被掘坟剖棺，焚尸扬灰；有的为了发泄对某人的刻骨仇恨，也经常采取毁其祖坟、焚其尸骨的极端方式。因此，唐代以前佛教虽早已传入，但其火葬的习俗却未被汉族所接受，只有边远少数民族和佛教僧徒实行火葬，普通汉人火葬者犹如凤毛麟角。五代以后，由于佛教文化的全面渗透、异族的大量内迁以及经济方面的原因等诸多因素，人们对火葬的抵触情绪逐渐减弱，火葬随之在民间盛

▲ 宋人罗大经

行开来。但作为封建朝廷，则一直对火葬采取严加禁止的态度。北宋初年，宋太祖赵匡胤曾下诏禁止，《东都事略》载其诏曰：

王者设棺椁之品，建封树之制，所以厚人伦而一风化也。近代以来，遵用夷法，率多火葬，甚愆典礼，自今宜禁之。

南宋时亦多次设禁，《宋史·礼志》载绍兴二十七年（1157）禁令："方今火葬之惨，日益炽甚，事关风化，理宜禁之。"到了元代，朝廷仍禁火葬。特别强调要禁止汉人火葬，对军卒、客旅及少数民族则放宽限制。明王朝的态度更加严厉，除诏令天下外，还将禁绝火葬写进法律条文，《大明律》的礼律和刑律规定：焚毁尊长及他人尸体者，处斩刑、流刑或杖刑。用严刑峻法的手段保证禁令的实施。清政府不仅将明律中禁火葬的条款照搬到清律中来，而且还别出心裁地采取邻人地保互相监督制约的办法贯彻禁令。发现违禁者要"报官严拿，尽法惩治"；知情不举者与违禁者"一体治罪"。

为了杜绝火葬，历代封建朝廷除严令禁止外，还采取了一些相应的措施。针对很多人实行火葬是因家贫无葬地所致的实际情况，官府常常出面安排葬地。《宋史·礼志》记载，北宋元祐年间，韩琦镇守并州，"以官钱市田数顷，给民安葬"；南宋绍兴二十八年（1158），户部侍郎荣薿建议："令州郡置荒闲之地，使贫民得以收葬"，被朝廷采纳，下诏颁行。元代规定："其贫民无地葬者，则于官荒地内埋了；无人收葬者，官为埋瘗"（《元典章》卷三十）。明朝也采取了类似的措施，洪武三年（1370），太祖朱元璋谕令礼部："其贫无地者，所在官司择近城宽闲地为义冢，俾之埋葬。或官游远方不能归葬者，官给力费以归之"（《明太祖实录》卷五十三）。由国家出资为贫穷者和无主之尸设置的葬地，古代称之为"漏泽园"或"义冢"，类似于后来的公墓。

由于佛教文化的根深蒂固,加之没落的封建制度不断地使更多的农民失去土地、沦为赤贫,尽管历代封建统治者屡颁禁绝火葬的诏令,甚至动用法律武器,并大发慈悲地开设了漏泽园,但圣上旨意和严刑峻法仍难改变人们的宗教信仰;杯水车薪的漏泽园也不能使所有的赤贫者都沐浴到"浩荡皇恩"。因此,民间的火葬之俗禁而不止,革而不除,盛行于封建社会后期长达千年之久。

3. 水 葬

所谓水葬,就是将死者葬入水中。我国古代的水葬有多种方式,比较典型的是把遗体整尸或肢解后抛进河流;有的则是将尸体火化后的骨殖以水为葬。

在古代实行水葬的民族中,首先应该介绍的是藏族。这是因为,水葬在藏族中较为盛行。其行葬方式也颇有特点,属于典型的水葬。

▲ 藏族的水葬习俗

从现存的史料来看，至迟在清代初期，西藏一带就已经普遍流行水葬。约成书于康熙年间的《西藏志》风俗篇云："人死喂鹰，或沉水。"沉水即沉尸于水，指的就是水葬。藏族习俗，正常人死亡行水葬者，必须将尸体割碎，然后抛入水中；如不肢解尸体而葬之于水，要受到地方当局的追究查办。碎尸的目的是为了让鱼吃掉，因为古代藏民将鱼尊为"河神"，尸体被鱼吃掉是很荣耀的事情。孕妇、麻疯病等非正常死亡者，被视为"极不净"之人，实行水葬是对他们的惩罚，而且尸体不得肢解，用皮革裹严，整尸弃之河流，以免玷污了河神之口。水葬的习俗至今仍流行于西藏地区，死者大部分是乞丐、鳏夫、寡妇等经济地位十分低下的人。水葬时，将尸体背到河边，或碎割细剔，或白布裹尸，投入洪流。藏南深谷区因为少鹰，无法天葬，死者不论身份高低，多以水为葬。

古代其他民族的水葬多与火葬联系在一起。《梦余录》云："近又有燎其亲之尸，饮酒至醉，拾其残骨掷之于水，谓之水葬。"即先将死者的遗体火化，再把余骨葬入水中。水葬的地点或在江河，或在溪流，或在湖泽，或在大海，因地制宜。有的将遗骨装进容器，沉入水底；有的将骨灰直接撒向水中，任其漂散。《通典》卷一八八记林邑国水葬之俗：

王死七日而葬，有官三日，庶人一日。皆以函盛尸，鼓舞导从，轝至水次，积薪焚之。收余骨，王则入金中，沉之于海；有官者以铜，沉之海口；庶人以瓦，送之于江。

依死者生前地位的高低，分别用金、铜、瓦三种不同质地的罐状容器盛放余骨；葬所亦不在一处，有海中、海口、江河之别。宋人傅守刚的父亲火化后，诸子"编荆成筐"，将其父遗骨拣入筐中，第二天"捧筐至大泽，而投清冷之渊"（《宋学士文集》）。

先火焚然后以水为葬的习俗，是我国古代水葬的主要方式，流行地区甚广，为大多数民族所采用。

4. 天　葬

在不同的民族和地区，有各种各样的天葬方式。或者将死者的尸体碎割细剐，喂鹰饲犬；或将尸体弃之荒野山地，任凭鸟啄兽食。其共同的特点是人死之后不用棺椁，不入坟墓。这类葬俗古书中又称之为"鸟葬"，"兽葬"，"野葬"等，主要流行于少数民族地区。

提起天葬，人们很自然地把它和居住在世界屋脊之上的藏族同胞联系在一起。因为直到现在，天葬仍是藏族的主要葬式之一。古代的藏族从什么时候起开始实行天葬？由于史料缺乏，目前尚难理出明晰的线索。约成书于清代康熙年间的《西藏志》（此书相传为康熙皇帝的第17子果亲王胤礼撰写），对西藏地区的天葬已有明确记载：

西藏凡人死，不论老少男女，用绳系成一块，膝嘴相连，两手交插腿中，以平日所著旧衣裹之，盛以毛袋。……其尸放二三日或五七日，背送剐人场，缚于柱上，碎割喂鹰，骨于石臼内杵碎，和炒面搓团喂狗。剐人之人，亦有牒巴管束，每割一尸，必得银钱数十枚。无钱则弃尸于水，以为不幸。

这段文字告诉我们，碎尸喂鹰的天葬习俗至迟在清代早期就已经盛行于西藏境内。

现代的藏族继承了这一古老的葬俗，大部分藏民至今仍然奉行天葬。据藏族作者赤烈曲扎《西藏风土志》（西藏人民出版社1982年出版）一书的介绍，目前流行于西藏地区的天葬仪式大致是这样的：人死之后，在家中停尸3～5天，在此期间，家属请喇嘛来从早到晚念经，以超度死者的灵魂，亲戚朋友则前来吊唁。停尸之后，选择一个吉利的日子，举行出殡仪式，一般是在天还未亮的时候举行，先将死者的衣服剥光，四肢捆成一团，用白氆氇裹住尸体，由专门从事天葬的人背往葬场。死者的家属是不到葬场去的，由死者的亲朋好友一二人前往送葬，并负责在葬场监督。到了葬场以后，将尸体置于葬台之上，然后在葬台附近燃起松柏香堆，撒入三荤三素糌粑，使浓烟冲天而起，以"通知"周围的鹫鹰，这些鹫鹰专食人尸，被藏民视为"神鹰"，它们望见浓烟，便飞来觅食。这时，行葬者用刀先将尸体从背部剖开（如果死者是僧徒，下刀时先在背上划一个有宗教意义的花纹），接着剖腹，取出内脏，割剔尸肉，剥去头皮，割掉头颅。然后把尸肉切成小块，堆放一旁；再将骨头捣碎，拌入糌粑，搓成小团。先用骨团喂鹰，再喂尸肉。如果骨头没有吃完，就将其焚烧成灰，撒向四方。总之，要一点不剩地把尸体处理掉，只有这样，死者才会被神鹰携带"升天"，进入天堂。至此，葬仪结束。

以碎尸喂鹰的方式安葬家人，对汉族人来说是难以理解和接受的，但藏族人却视之为"最慈善之举动，最高尚之道德"，并根据尸体是否为鹰所食来判断死者的善恶。不同的民族其宗教信仰和文化传统每每千差万别，每一种葬俗都有其深刻的社会和文化背景，因而也都是合理的。认识了这一点，就不会对藏族的天葬习俗大惊小怪了。

除藏族外，有些少数民族也曾实行过天葬，具体方式不尽相同。《南史·扶南国传》已有"鸟葬则弃之中野"的记载。据《清稗类钞·丧祭类》记述：清代西康地区，"人死以尸送之于山，任乌鸦食其肉，所余之骨收而碎之，敷以麦粉，复为鸟食，必食尽而后止，名曰天葬"；甘、青一带的少数民族，将死者的尸体背送到沙漠无人之处，吹响一种用年轻女子胫骨制作的管状乐器,以召唤食尸之鸟,顷刻,"翼声飒飒,鸟四集,地为之黑,血肉食尽。……骨尽,则相与庆慰,谓之天葬"。其葬式与西藏的天葬颇多相似之处。古代蒙古族普通人死后,将尸体裸放在木轮车上,让牛拉着在草原荒野上快跑,直到尸体掉下来为止,让野兽或鹰隼吃掉,认为这样死者的灵魂即可升入天堂。如果几天之后,尸体没有被鸟兽食尽,则视为不吉利,还需延请喇嘛念经,祈祷消灾。

5. 悬棺葬

悬棺葬是古代南方少数民族一种奇特的葬俗,以将盛放死者的棺柩放置在人迹罕至的悬崖峭壁之上为主要特征。用三国东吴人程莹的话说就是"悬著高山岩石之间,不埋土中作冢墩也"(《临海水土异物志》)。棺木的放置方法多种多样:或利用岩壁间的缝隙处架设;或在岩壁上凿孔,楔入木桩,支托棺木;或凭借天然岩洞及人工挖凿的洞穴,将棺木置于其中。

▲ 悬棺葬

悬棺葬主要流行于南方长江流域和沿海地区。在我国的福建、台湾、浙江、江西、安徽、湖南、湖北、广东、海南、广西、四川、云南、贵州以及陕西等省区，都发现有悬棺葬的遗迹。此外，在太平洋群岛和东南亚的一些国家，也有悬棺葬的存在。可见这种葬俗的流行区域是何等的广泛！

悬棺葬的葬具有多种类型。比较常见的是用独木凿成圆筒状棺材；有的将棺木作成船形，两头翘起，中间有船舱，舱内盛放尸体和随葬品，有的则与一般棺材相同，用木板合钉而成，呈长方形或方形。此外，也有用瓷缸盛放尸骨的，如明代武夷山升真洞"有神仙蜕骨，贮以雷纹瓷缸"（《大明一统志》卷七六）。在个别地方，还将死者的骨殖装入陶罐，置于山崖之上。

对尸体的处理上，悬棺葬有一次葬、二次葬、火葬等几种形式。一次葬就是将尸体直接装入棺内，葬于山间。二次葬是在尸体的肌肉腐烂后，将遗骨收入棺内，再送到悬崖上去。如《武夷山志》载，明代万历年间，道士程应元"至金鸡洞中，云中藏楠木甚多，……上置仙蜕十三函，每函或颅骨数片，或胫骨二三茎，手骨一二节，皆裹以锦帕"。这位道士在崖洞中所看到的尸骨支离破碎的情景，无疑是二次葬的遗迹。意大利旅行家马可·波罗在云南境内的蛮族部落中则看到了另外一种情景："人死焚尸，用小匣盛其余骸，携之至高山山腹大洞中悬之，俾人兽不能侵犯"（《马可·波罗行纪》）。这是一种崖葬与火葬相结合的特殊葬俗。

关于悬挂棺柩的方法，唐人张鷟给我们留下了一点线索，他在《朝野佥载》中说，五溪蛮是"自山上悬索下柩"的。据今人考察，悬棺葬的工程大致是这样的：先把人从山顶用绳索吊至半山，在崖壁之间开凿洞穴或安插木桩；再将棺柩抬送到山顶，用绳索吊放到木桩上或洞穴中。如此艰巨的工程，不用说古代，即使在工具比较齐全的今天，这也绝不是一件轻而易举的事情。难怪古人视其为神仙之作，感慨万分。当然，神仙是从来没有的，如果说有的话，那就是古代的劳动人民，他们聪慧勇敢，巧夺天工，是当之无愧的"神仙"！

采用悬棺葬式也和死者生前的生活习俗有着密切的关系。盛行悬棺葬的南方之地多山多水，生活在这种环境中的古代各族人民与高山秀水结下了不解之缘，他们常常以山为居。如宋代黔南一带的山僚，"礼异俗殊，以岩穴为居止"（《太平寰宇记》卷一六八），居住在天然的岩洞里；有的"依山林而居"（《桂海虞衡志》），栖身于岩壁下面的丛林间。清代贵阳广顺周围的苗族，"择悬岩凿窍而居，不设床笫，构竹笫上下，高者百仞"（《大清一统志》卷三九一）。人们活着的时候居于山间，死后就按照生前的居住习惯安置尸体，使死者能够和过去一样在另外一个世界上安居乐业。据现代民族调查资料，广西龙州地区的壮族群众对本族崖葬的起源持如下说："我们的祖先原先是住在山洞里的，后来人口多了，山洞不够住，才分居到地上和树上。人们生时既然住在岩洞里，死后当葬回原处。"随着时代的进步，一些民族的居住条件发生了变化，但安葬死者的方式却保留了古老的传统。

6. 树 葬

树葬，亦称风葬、挂葬、木葬、悬空葬、空葬，是我国一种古老的葬俗，主要流行于我国北方的一些少数民族中，其中尤以鄂温克族和鄂伦春族最为盛行。关于树葬，我国历代文献颇多记载。《魏书·失韦传》云："失韦国，……父母死，男女聚哭三年，尸则置于林树之上。"《周书·异域上》谓莫奚人葬俗是，"死者则以苇薄裹尸，悬之树上"。《北史·契丹传》曰："父母死而悲哭者，以为不壮，但以其尸置于山树之上，经三年乃收其骨而焚之。"《隋书·地理志下》载荆楚蛮左地区风俗说："传云盘瓠初死，置之于树。"《旧唐书》说："契丹，……其俗死者不得做冢墓，以马架车送入大山置之树上。"《太平御览》记述："木客"人"死皆知殡殓之，不令人见其形也，葬棺法每在高岸树杪或藏石窠中"。胡朴安《中华全国风俗志》载：鄂伦春族人死后"用靴皮将尸体裹起，择日舁出，架于树上。待皮肉腐烂，骨坠下，然后拾起埋之土中"。据调查，生活于黑龙江省抚远县下八岔的赫哲族也有树葬习俗，将死掉的小孩用桦树皮包扎起来，置放在树杈上。这些资料表明，树葬自远古至今一直在我国的一些少数民族中流行，不仅北方地区有此风俗，而且在南方地区同样也存在着。过去有人认为树葬只是"亚洲北部一些游猎民族常采用的一种丧葬方法"的提法，看来并不完全符合实际情况。

树葬的葬法是将死者置于深山或野外，在树杈上加以横木，然后将死者置于其上任其风化，也有的将死者悬于树上或陈放于专门制作的木架上。从树葬的葬式和结构等情况来看，大致可以分为以下四种类型：

一是鸟巢式。即在大树的上部树杈上，用树枝等物架筑成鸟巢的形状，然后将死者置放在里面。

二是树架式。即在大树的两个树杈上并排搭上小树条，上面再铺上树枝，构成一个小小的平台，然后将死者置放在树枝搭成的平台上。这种方式在鄂伦春族和鄂温克族人中习见，如生活于内蒙古自治区的一些鄂伦春族人，其做法是：人死后在家停放一两天，便将尸体运到山上，选择三棵树或四棵树成正角的地方，在树杈间搭以横木架，上铺树枝，然后将尸体陈放在木架上，并在死者身旁放上锅、勺、碗（必须敲掉一块）、烟袋等物品作为陪葬品。此后，即使树架脱落，尸骨掉下也不再过问。而生活在黑龙江省呼玛县十八站的鄂伦春族，其树葬方法则略有不同，其做法是：人死后，将尸体装入用柞木钻成的棺材里，然后由亲友抬到离"仙人柱"以外四五百米远的树林中，选择两棵相距约一米远的树（多为松树），至离地面约高两米的地方用刀砍断树干，然后架设横木，将尸体放在上面，头朝南。另外，生活在内蒙古自治区额尔古纳旗的鄂温克人也有"树葬"的习惯，其方式是"选择几棵高大的树木架上横木，将死者头朝北安葬在横木上"。松花江下游的赫哲族也采用树架法，其方式为：猎人如远出山中行猎而死，就在当地取大树干一段，"先将树的一面斫平，再挖成槽形以成棺，上面亦覆一槽形之树作棺盖，尸纳木中，用树皮紧扎棺与棺盖。然后用有树杈之树四棵，上架两横木，其上再搁树枝铺成一台，高约丈余，棺即置台上。"

　　三是树屋式。这种形式的树葬法是在同一棵树的两个或几个树杈之间架设横木，并在上面用树枝、木板或竹子之类搭建成一个小平台，台上盖一顶棚，周围作壁以避风雨。从远处看去，其形状好像建于树上的窝棚状小屋，死者即葬放在树屋内。这种树屋式的丧葬形式不久以前还可以在西藏墨脱县达木乡的珞巴族中见到。

　　四是地架式。这种葬法完全由人工在地面上打造露天木架或竹架，再在上面搁置尸体。这种树葬法，在历代文献和民族学资料中也常常见到。如《北史·室韦传》云："室韦国，部落共为大棚，人死则置其上，居丧三年，年惟四哭。"《中华全国风俗志》也载："乌稽，又名鱼皮

（按指赫哲族），因其土人衣鱼皮食鱼肉为生故名。……死以锦片裹尸下棺，以木架插于野，置棺木架上，俟棺木将朽乃入土。"生活在内蒙古自治区呼伦贝尔盟阿荣旗查巴奇地区的鄂温克人死后，有的是将死者用桦树皮或苇子、席子等物包扎好，放在野外用人工搭成的类似四棱锥形的四角木架上"天葬"。生活在鄂伦春自治旗托扎明努图克的鄂伦春族，其习俗是将死者置于柳条编制和松木板制成的葬具中，然后再放于野外的专门木架上，露天而葬。在台湾省南部平埔族的西拉雅人群中，将死者的手足包扎好并移置于一竹制的台架上；然后，死者的亲属在旁焚火烘烤尸体，直到完全干燥为止。到了死后第九天，再将尸体从竹台上搬下，用草席扎好，在屋内另搭一个竹台，并用衣服之类加以围盖，其外表形似帐篷，置尸于台架上。三年后再行土葬。

  树葬习俗并非某一地区、某一民族、某一时期的特有现象，而是具有一定的广泛性。但即使是同一民族，树葬的方法也因时、因地而异，这一点明显地反映在鄂伦春族的树葬习俗中。那么，人们为什么要采用这种葬法呢？这种风俗究竟是怎样产生的呢？有些学者认为这种葬俗的出现与游猎经济有着密切的联系；也有的学者提出，古人认为死人的精灵游荡在森林之中，就如生活在活人的身旁，这可能导致树葬之俗。近年来，夏之乾先生撰文指出，树葬直接来源于巢居，应当是远古人类巢居的社会存在于丧俗中的反映。

7. 野　葬

  野葬，天葬的一种，但与前面我们所述的天葬又有很大的区别。这一葬法多见于偏远牧区，如蒙古族。其葬法是人死后，要把死者的衣服全部脱光，清水净尸，然后再用白布或白绸裹包尸体，请喇嘛念经后，把尸体拉到荒野或人迹稀少的地方，将尸体仰面置于地面，头下枕一小枕，给死者手中放一本藏经，用一块浅色布蒙住尸体，把盖尸布的四角用沙土或石头压住，等待天鹰、野狐、狼犬啄食。这种情况在我国远古时代就早有"露天葬"的仪式了。那时，古人在死者旁放有装饰品、食品和各种生产、生活用品，证明远古时代就有为安慰死者"灵魂"、安排死者生活曾举行过相应的仪式。

蒙古族的野葬葬法，关键是死后的三天。死后第三天，死者的家属或亲友要到墓地察看，若尸体被野兽吃掉，则认为死者已"升天"，并象征将给后人带来吉兆。反之，死尸原封未动，则认为死者生前可能有"罪"，说明其"罪孽"未消。于是，再请喇嘛念经，超度亡灵快点儿"升天"，并要在尸体上抹遍黄油，以吸引更多的野兽尽早食掉尸体。

野葬还有一种形式是把尸体驮载马背上，或把尸体放在马车上，但无论尸体在马背上或在马车上，都要策马狂奔，直到尸体跌落于地。倘若尸体掉地后面仰天，则皆大欢喜，认为死者生前光彩，已经"升天"。倘若尸体掉地后面朝地，则众人面目忧愁，以为天不见纳，死者生前有"罪"，家人亲友倍感悲痛，只好再请喇嘛念经，认为只有这样才能为死者"赎罪"。过数日后，亲属再到葬地察看，尸体如果已被禽兽吃掉，便相信死者终于安然而归。在蒙古族丧葬仪礼中，葬后四十九天或百日内，死者的儿孙等家庭成员不剃发，不饮酒，不作乐，以示对死者的怀念和哀悼。

野葬多见于比较落后的时代。现在的蒙古人民对传统的生活习惯和宗教信仰等各种活动，都逐渐得到了正确的认识。目前在草原上，这种丧葬仪式已基本消失，主要以火葬、棺葬的形式进行葬礼。作为游牧部落，草原是他们的生命来源，生于草原，归于草原。游牧民四季迁移，没有稳定的家居，所以整个草原就是他们的大家庭。死者的尸体也就处于无定居之流动中。马、鹰作为草原的象征，在丧葬中自然发挥巨大的象征性的作用，尸体伏于马背，随马奔驰，随意抛落。由云鹰、野狐、狼等完成对尸体肉身的"洗礼"，这完全是草原部落文明的浓缩。

8. 塔　葬

又称塔屋葬，也是我国一种古老的葬法，主要流行于僧侣阶层。按佛教习俗，有名望的僧人死后，一般将尸体用药物处理，然后风干，置放在灵塔之内。从文献记载来看，它在唐代开始流行。如《旧唐书》载："杜鸿渐休致后病，令僧剃顶发。及卒，遗命其子依胡法塔葬，不为封树，冀类缁流，物议哂之。"又"肃王详，德宗第五子也，建中三年十月薨，时年四岁。废朝三日，赠扬州大都督。上追念无已，不令起坟墓，诏如西域法议，层砖造塔。礼仪使判官、司门郎中李占上言曰：'坟墓之义，经典有常。自古至今，无闻异制。层砖起塔，始于天竺，名曰浮图。行之中华，窃恐非礼。况肃王夭，属名位尊，崇丧葬之仪存乎？简册举而不法，垂训非轻，伏请准令造坟，庶遵典礼。'诏从之。"《旧唐书·姜公辅传》载："车架至城固县，唐安公主薨，上之长女也，悲悼尤甚，诏所司厚其葬礼。公辅谏曰：'非久克复京城，公主必须归葬。今于行路且宜俭薄，以济军士。'德宗怒，谓翰林学士陆贽曰：'唐安夭亡，不欲于此为茔垅，宜令造一砖塔安置，功费甚微，不合关宰相论列。姜公辅忽进表章，但欲指朕过失，拟自取名。'贽对曰：'公辅官是谏议，职居宰衡，献替固其职分。陛下以造塔役费微小，非宰相所论之事，但问理之是非，岂论事之大小！若造塔为是，役虽大尔作之何伤；若造塔为非，费虽小而言者何罪？'"由此可见，唐时不仅僧侣习用塔葬，而且一些皇室成员的丧事也是采用塔葬这一方式。在古代中国，人们还称这种安葬僧侣的建筑物为"塔屋"。塔葬正因此而得名。

9. 割体葬

在我国原始社会的墓葬中，每每可看到这样一些奇怪的情景：死者的尸骨缺少手指、足趾或肢骨，其中一部分放置在随葬的陶器中或墓坑的填土里；有的墓坑内除墓主人完整的尸骨外，还埋有别人的手骨或足骨。上述现象并非二次葬的结果，而是另外一种古老的葬俗——割体葬。从现存尸骨看，割体葬的行葬方式大致有两种情况：一是将死者的手指或足趾割掉，与尸体同埋一坑；另一种则是在死者活着的时候就被割去了手指或足趾，用作他人的殉葬品。这种葬俗流行于氏族社会，在陕西、甘肃、黑龙江、福建等地的新石器时代文化中，多次发现过割体葬的实例。

民族志的资料表明，世界上许多原始民族都曾奉行过此类葬俗。据《世界民族大观》一书介绍，生活在石器时代的新几内亚西部高地人，家中如有人逝世，妇女们就得砍下一节手指，以示哀悼。某家死亡人数愈多，妇女的手指也就随之愈少。访问过那里的人说，没有一个高地女人的双手是十指齐全的。另据介绍，波利尼西亚群岛的萨摩亚人为一名部落酋长举行葬礼，号召部落成员剁下一百节手指，结果只收集了六十节。

在宗教观念浓郁的原始社会，人们奉行以伤残肌体为特征的割体葬俗，必然有其特殊的含义。据人类学家研究，生者不惜损毁自己的部分肌体，并把它慷慨地奉献给逝去的亲人，是为了让死者的灵魂安息而采取的"献祭刀"行为。这样做既使死者与生者保持了体质上的血肉联系，也让死者知道众亲友在诚挚地哀悼他，死者的灵魂就不致因怨恨而给生者带来祸患。将死者的手指或脚趾割掉，则是为了限制死者灵魂的活动，使其安息在另外一个世界，不要从墓穴中跑出来危害活人。

10. 衣冠葬

这是中国历史上一种奇特的葬法，其特点是墓内无死者尸体，仅埋葬死者穿戴过的衣冠。为什么会出现这些厚葬的衣冠冢呢？这与当时社会的现实生活有关。在当时，氏族部落间经常发生掠夺财富的战争，人们为了纪念阵亡的军事首领或勇士，往往要为他们举行盛大而隆重的葬礼，建造堂皇的衣冠冢，祈求他们的灵魂能为氏族带来更多的福气。这一葬法，从考古资料来看，可以追溯到氏族社会后期。如山东大汶口文化遗址出土有五座墓，随葬品相当丰富，但却空无墓主。曲阜西夏侯有一墓出土随葬品八十多种，但墓主身首分离。这种葬法在古代文献中也多见，如《汉书·郊祀志上》载："上曰：'吾闻黄帝不死，有冢何也？'或对曰：'黄帝以仙上天，群臣葬其衣冠。'"宋代范致明《岳阳风土记》曰："又有宝慈观，乃张真人炼丹飞升之所，弟子葬其衣冠，俗谓之衣冠冢，丹灶遗迹尚在。"元虞集《程夫人墓志铭》载："史台孙丧其曾太母，不知其处，刻木像，神其衣裳，葬诸湖之新茔，或曰葬以藏体魄也；象而藏之，殆不可。然则立石先大夫之墓，具载夫人之事以示子孙，传后世，或曰其可也。诸征文于子，其感其言，为叙其次而著之。"又虞堪书陶孝子传载："常州城陷，民陶某父为贼驱去。及官军复城，父死不知其所，某于寓近营冢圹，葬父冠裳，旦暮哭临。"《西园闻见录》载："杨敬，归德卫人。父昱，洪武间阵亡。敬方十岁，闻讣即哭诵。每思求遗骸，不果，乃取衣冠葬于先茔之次。事母文氏极孝，谨闻战阵事辄流涕不已，时人以至孝称之。"顾磷《谢孝子传》："孝子名广，父忠，出贾梁宋，闻神仙遐举事志，窃慕之，遂游名山不归。广屡年寻觅，竟不可得，迨母氏以天年终，乃具父衣冠诏魂以窆焉，哀慕之心至老不替。"后来这种葬法广泛流行于沿海地区，人们对出海捕鱼遇难而又无法寻到尸体的渔民，便将其生前穿戴的衣冠葬之空墓内。

11. 瓮棺葬

瓮棺葬是将尸体或骨灰殓入瓮具之中，而后或埋入地下或投入水中。这种葬法在我国南方地区比较流行，由于我国南方的潮湿地区，木棺容易朽腐，采用坚硬的瓮器作棺具就比较容易长期保存。而且，有不少瓮棺都凿有小孔，目的是为了让死者的灵魂自由出入。

根据考古资料，少数民族受到这种葬法习俗的影响较大，但他们往往是将其用于二次葬和非正常死亡者。旧时畲族人死后，便是先停棺于野外，经数年后，再用火焚化，《闽峤轩录》载：畲族"人死刳木纳尸，其中少长，辟相击节，主丧者盘旋四舞，乃焚木拾骨，置诸罐，浮葬林麓间，将徙则取以去。"瑶族从前也是人死后以棺木成殓，抬到山中以火焚化，然后捡骨盛入罐中，就地掘土埋葬。此葬法是和制陶文化相联系的，是原始先氏学会了制陶之后的产物。这种习俗早在半坡遗址的氏族公共墓地中就已出现了。如在半坡遗址的氏族居住区内，有小孩墓葬76座，其中的73座是用陶瓮做葬具的。孩子年龄稍大的是用两个粗陶瓮对合起的；年龄幼小的只用一个粗陶瓮，上面再盖上一个陶钵或陶盆。

在辽宁长海县上马石发现的瓮棺葬，陶瓮和葬法都很特别。这里发现的瓮棺墓共有17座，都是用大型陶瓮盛殓尸骨。葬法是先挖好圆形竖穴，然后把殓有幼童或未成年人的瓮棺放入竖穴内。在这些瓮棺墓中，又有瓮口向上葬式和瓮口向下葬式两种，瓮口向下式的葬法是先把陶瓮口朝下放入竖穴中，把瓮底砸下来，放入尸骨，然后把砸下来的瓮底再盖上。这种葬式和半坡遗址的瓮棺葬显然有所不同。

古书中记载的"有虞氏瓦棺"，也属于瓮棺葬这一类型。《太平广记》中记叙的"袁昂冢，以瓦为棺椁，器物都无，惟有铜镜一枚"，也是这种葬法的一例。古代先民用瓮棺做葬具多是装殓小孩或未成年人，可能是因为大型瓮制造起来不易。据赵翼《陔馀丛考》记载"江西广信府一带风俗，既葬二三年后，辄启棺洗骨使净，别贮瓦瓶内埋之"，据说是因为这样能长久保存骨骼。

这种葬法还有对非正常死亡者实行瓮棺葬的。如水族认为患麻风病而死的人和因难产而死亡的产妇，都不吉实利，其阴魂会传染后世，因此他们对这样的死者先行火化，然后把骨灰盛入坛中或土缸中，用一大土缸倒扣其上，再封闭埋葬。而且，对患麻风病而死的人，要在低洼处或常年不干涸的烂泥中安葬，对难产而死的女人，要抬到远离村寨的偏僻山洼中去安葬。认为只有这样，才能杜绝病患。这种用缸作的葬式俗称"倒缸葬"。

对小孩进行瓮棺葬的风俗习惯和一般成人不同。盛小孩尸体的是一个粗大的陶瓮或大陶罐，口上盖一个圆底盆或圆底钵，并在盆或钵的中间钻一个小孔，这个小孔集中反映了当时人们对于灵魂不灭的宗教意识。当时的人们不仅认为人是有灵魂的，而且认定肉体是受灵魂作用的，即人死了只是肉体暂时失去了活动能力，而灵魂却照样活着。当时的人们认为坟墓是死者的灵魂暂时停留或休息的地方，所以要极力保护尸体，盆或钵中央的小孔就是供灵魂归来时出入，以便孩子复苏而再世。这种保护儿童尸体的做法在中国古墓葬的演变过程中占有很重要的地位。小儿瓮棺内大多没有随葬品，这大概是因为当时的人们认为儿童死后是不会像成年死者一样要到另一个世界上去生活的，因为他们还不会离开母亲而自己生活，还没有机会使用人世间的生活器皿和生产工具。认为他们过一个时期后就会复苏，仍然回到母亲身边的。所以，小孩的葬地一般就在住处附近，并不像成年人一样埋入离住处较远的氏族公共墓地。也可能当时人们认为这些未成年而夭折的孩子还不能算民族部落的正式成员，所以死后也不能像氏族成员那样葬入氏族公共墓地。这也是受生活感情和来世生活的观念双重意义所支配的。母亲不忍割舍孩子而葬其在身边，或是期望孩子的灵魂经常和亲人在一起，这一现象深刻体现了母爱精神。这种儿童死后不远葬的习俗，在当代一些原始部落中仍然保留着，如安达曼岛上的土著居民，成年人死后埋在村外，却把夭折的孩子埋在房子下边。在中国有些地方也有小孩死后埋在床下或屋内的习俗。如广东省连县瑶族人，凡未满月的婴儿死后，认为他们还不会走路，不能到户外埋葬，一般是将小儿尸体用树皮包裹，埋在床铺下边。佤族也有这样的风俗，成年人死后葬入公共墓地，并按姓氏分开，小孩死后则用竹席子裹起来，葬在自己的住房附近，也不放任何随葬品。正可谓"不知爱子心，万劫永不灰"了。

当然，在某些氏族中，没有占统治地位的葬法。如清代四川省瞻化县（今新龙县）的"夷民"，由于受汉、羌、藏等族的宗教文化的影响，其葬法也是杂糅而成，水葬、火葬、土葬并行不悖。但对这些葬式的选择不是随心所欲，而是依据季节的不同而选择不同的葬式。

总之，中原地区的葬法比较统一，而周边地区的较复杂；占全国人数绝大多数的汉民族葬法较一致，而少数民族较复杂。少数民族一般生活在周边，征服与被征服的战争频繁，民族迁移不断，导致不同民族的宗教文化的融合，在形成中的民族，文化也处于可塑状态，所以，不同的文化在"战争与和平"中共处，不同的葬法自然也就可以共处。但随着一个民族及其文化的成熟、定型，文化的主导特征就显示出来了，占主导地位的葬法也就会逐渐确定下来。

 知识链接

王国维的墓志铭

王国维的墓志铭碑文由陈寅恪撰，林志钧书丹，马衡篆额，梁思成设计，立于清华大学园内。碑铭云：

"海宁王先生自沉后二年，清华研究院同人咸怀思不能自已。其弟子受先生之陶冶煦育者有年，尤思有以永其念。金曰，宜铭之贞珉，以昭示于无竟。因以刻石之词命寅恪，数辞不获已，谨举先生之志事，以普告天下后世。其词曰：士之读书治学，盖将以脱心志于俗谛之桎梏，真理因得以发扬。思想而不自由，毋宁死耳。斯古今仁贤所同殉之精义，其岂庸鄙之敢望。先生以一死见其独立自由之意志，非所论于一人之恩怨，一姓之兴亡。呜呼！树兹石于讲舍，系哀思而不忘。表哲人之奇节，诉真宰之茫茫。来世不可知者也，先生之著述，或有时而不章。先生之学说，或有时而可商。惟此独立之精神，自由之思想，历千万祀，与天壤而同久，共三光而永光。"

第二章
中国古代墓碑

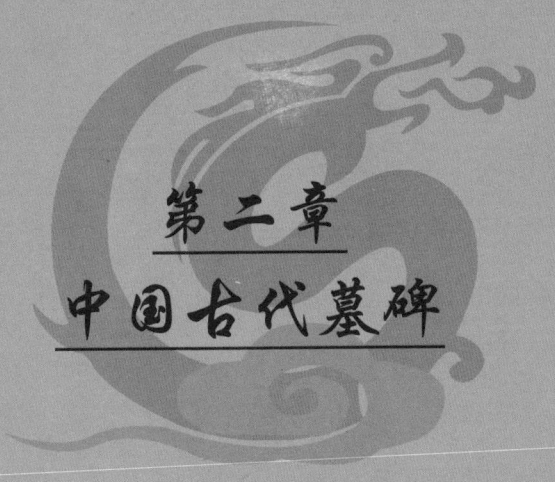

　　中国古代"墓而不坟",只在地下掩埋,地表不做任何标志。到后来才出现在地面堆土的坟,而后才出现了墓碑。人去世后,要立墓,同设墓碑文。墓碑文是刻于墓碑上的文章,是以记述墓主生平事迹为主兼诉颂扬、哀悼之情的记事性文体,与记功碑文、宫室庙宇碑文同属碑志文。

第一节　墓碑的由来与兴起

■ 墓碑的由来

不论是在文学作品或影视画面和现实生活中，都可以见到坟的前方竖着一块长条状的石碑，上面刻着墓主的名字，有一些更大一点的墓，还会在墓侧单独立一块更大的碑，上面镌刻记叙墓主生平事迹的文字，这些碑均称之"墓碑"。"古者墓而不坟"，到了后来，人们担心时间长了找不到自己祖先的墓，就在墓的上面再建一种标识物，那就是坟，而在坟墓上立碑应该是更晚的事了。

许慎《说文解字》："碑，竖石也。从石，卑声。"

这段文字实在太简了——碑是一种竖着的石头。南朝梁王筠《仪礼郑注句读刊误》解释说：古碑有三用：宫中之碑，识日景也；庙中之碑，以丽牲也；墓所之碑，以下棺也。秦之纪功德也，曰"立石"、曰"刻石"，其言碑者，汉以后语也。

王筠以为，古代的碑可以分为三个大类，一种是竖在宫里的碑，它是一种原始的时钟，人们可以根据太阳照到碑后留下的投影来判断时间，如《仪礼·聘礼》："东面北上，上当碑南陈。"郑玄注："宫必有碑，所以识日景，引阴阳也。"另一种是竖在庙里的碑，古代十分重视祭祀活动，尤其是帝王和贵族之家，遇上重大的祭祀，就有数以百计的亲属、臣僚们骑着马或驾着马车从各地赶来，而这种碑相当于后来的"拴马桩"，是用来拴牲口的。《礼记·祭仪》："既入庙门，丽于碑。"孔颖达疏："君牵牲入庙门，系著中庭碑也。"现在一些古迹中还保留刻有"文武百官到此下马"的石碑，就是古代庙里石碑的遗制；还有一种坟墓上的碑，它是古代下葬棺材用的，至于秦始皇为了歌功颂德曾刻过不少"功德碑"，如《史记·秦始皇本纪》："始皇东行郡县，上邹峄山。立石，与邹诸儒生议，刻石颂秦德。"这种石碑先秦叫做"刻石"或"立石"，其被叫做"碑"是汉代以后的事。

本篇要讲的就是"墓所之碑，以下棺也"。

先秦时期，天子的墓四重，诸侯的墓三重，大夫的墓二重，士无重。做墓是一项浩大的工程。以二重的墓来讲，做墓先要挖一个足够大并足够深的坑，称之"圹"。这个"圹"字从土、从广，就是很大的土坑的意思，《周礼·夏官·方相氏》："及墓，入圹，以戈击四偶。"当圹做好后，还要有专人下到圹里，把圹的四周夯实，防止圹倒坍；然后就在石圹里做外棺，这种外棺在古代又叫做"椁"。

《说文解字》："椁，葬有木郭也。"

段玉裁注："木郭者，以木为之，用于棺，如城之有郭也。"

最初的"椁"是用木材做的，后来的王公侯爵或豪富之家也使用石材，如《汉书·楚元王传》："嗟乎！以北石之石为椁，用纻絮斫斤陈漆其间，岂可动哉。"古代没有水泥，一般用泥土或石炭为建筑的黏合剂，接缝处容易渗水，于是不论石椁或木椁，用生漆浸的麻绳填充到掊缝里，这样就不易渗水了。椁很大，往往是直接在"圹"里施工完成的。

实际上古代的"棺"也不小，通常是用四寸的厚板做成长约1.8米，高宽约 80 厘米的"大箱子",在葬了尸体以及陪葬品、填充物后,估计在 200 公斤以上,所以,殡葬时将棺材抬到墓地,并安全平稳地将棺材放进"椁"里也不是一件容易的事。

《礼记·檀弓下》:

"季康子之母死,公输若方小敛,般请以机封。将从之。"肩假曰:"不可。夫鲁有初,公室视丰碑,三家视桓楹。般!尔以人之母尝巧,则岂不得以其母以尝巧者乎!则病者乎!噫!弗果从。"

"公输若"是鲁国的贵族,"般"即公输般,又作公输班,即被后人尊为木匠祖师爷的鲁班。"肩假"是人名。这段文字的大意是:鲁国贵族季康子的母亲丧事,公输若主持殡葬仪礼,能工巧匠鲁班刚发明了一种可以搬运棺材的机器,就向公输若建议,是否就用这台机器来为季康子之母下葬。公输若与公输班是同族中人,公输若也同意了公输班的建议。此时一位叫做"肩假"的人立即提出反对,批评道:"根据鲁国的制度,'公室视丰碑,三家视桓楹'鲁班!你拿人家母亲的丧礼来尝试你的机器,为什么不用你自己母亲作试验呢?你是不是有病啊!"最终,公输若只得否定了鲁班的建议。郑玄在"公室视丰碑,三家视桓楹"下注:

丰碑,斫大木为之,形如石碑,于椁前后四周树之,穿中于间,为鹿卢,下棺以纤绕。天主六纤四绕,前后各重鹿卢也。

"纤"是拉船前进或牵牲口的一种

▲ 公输班

很粗的绳索，"穿"就是在物体上打的洞，而"鹿卢"即"辘轳"，一种起重用的搅盘，中国北方的地下水位较低，井很深，为方便打井水，会在井口上装一用于提水的绞盘，这就是辘轳。这段文字可以译成：丰碑就是一种用粗大的木头做成的碑，形状与石碑相似，竖立在椁的前后四角；在丰碑的上方中间钻一圆孔，是安装辘轳用的，用粗的绳子把棺材放进椁里。天子的葬礼使用六根纤，四根丰碑，前后都装有辘轳；诸侯为四根粗绳，二根丰碑，讲作"桓楹"；大夫只有二根粗绳，二根丰碑；一般性的士只有二根绳而不用丰碑。

如今，中国偏远地区仍实行土葬，下葬时用两根粗绳子通过棺材的底部，四个人各执绳子的一端，将棺材抬起后，松开绳子棺材就慢慢地进入墓穴中，在现在的一些西方电影中也能见到这种"下棺"的镜头，一般人的棺材不是太重，四个人用两根绳子足以使棺材抬起、放下，不必使用起重设备，所以古人讲"士二纤无碑"，而地位高和富裕人的棺木既大又沉，单靠绳索是抬不起来的，于是，人们先在椁的四角竖粗大的木桩，实际上就是辘轳的支架。天子的棺材特别大，特别沉，就在椁的四角各竖一根丰碑，再用横木对穿上端的孔使其固定，再在横木上装上三只辘轳，通过辘轳就可以容易地将棺木"吊"入椁中；而诸侯和大夫的棺材略小一点，只需在椁的东西各竖一根丰碑，再用横木相接，在横木上装两只辘轳或一只辘轳就可以了。

中国近代著名考古学家马衡的《凡将斋金石丛稿》中对碑的演变有一段总结性的叙述：

汉碑之制，首多有穿，穿之外或有晕者，乃墓碑施鹿卢之遗制。其初，盖因墓所引棺之碑而利用之，以述德纪事于其上，其后相习成风，碑遂为刻辞而设。故最初之碑，有穿有晕，题额刻于穿上晕间，偏左偏右，各因其势，不必皆在正中，碑文则刻于额下，偏于碑右，不皆布满。魏晋以后，穿、晕渐废，额必居中，文必布满，皆其明证也。

马衡先生的这段分析告诉我们，丰碑最初是用巨木制作的，后来也用石制；丰碑只是下棺时安装起重设备——辘轳的一个支架，下葬结束后就被拆除，也可以重复使用，它顶端的"穿"在安装和使用过程中会因磨损而出现毛口——"晕"。后来人们在丰碑上刻上文字来歌功颂德，今天人们把纪功颂德的巨大石碑，或对社会作出巨大贡献者讲作"丰碑"即出典于此。汉代早期的"功德碑"就是利用旧丰碑而刻的，这些碑的顶端大多有一大大的洞，有的洞周还有磨损的痕迹，碑额也刻得很不规则，有的刻在"穿"的左边，有的则刻在"穿"的右边，就是哪里有空白就刻在哪里。后来，陈放在墓里的碑叫做"墓碑"，而用于记录事情的叫做"石碑"或"碑刻"，用于歌功颂德的叫"功德碑"，而用于纪念某人某事某物的就是"纪念碑"。

▲ 孔子像

墓里的碑大致上分为两个大类，一种是竖在坟前或坟后的碑，称之"墓碑"，孔夫子当年为他的父母做合葬墓时，担心自己是一个整年在外游学的"东西南北人"，怕以后回家找不到父母的墓，于是在墓上封土作坟，作为标识，孔夫子是一个"书呆子"，他如果在墓上竖一块石碑，不是更简便，更明了了吗！这种碑大多由死者的子女为死者立的。《礼记·檀弓上》说："生曰父、曰母、曰妻。死曰考、曰妣、曰嫔。"

所以，墓碑上尊称父为"先孝"、母为"先妣"，中国古代的宗法制为"嫡长子的世袭制"，规定长子是家族的第一继承人，而次子为第二继承人，庶子，即妾所生之子是末位继承人，以前富家往往娶有一妻多妾，也往往是多子女家庭，而立碑人一般就是长子，如长子已去世，则由长孙，如长子去世而又无长孙，则由第二继承人顶位。墓碑长期露置于野外，所以大多使用质地坚硬的花岗石，通常不着色，后来的墓碑文字涂以漆，习惯上使用黑漆，唯姓氏规定用红漆，因为人的名字属于个人的，人死后他的名字也消失，而姓是宗族的符号，它永远与宗族共存。

另一种叫做"神道碑"，一般立于主墓一侧，有的则放在祠堂里，上面镌有记载死者生平事迹的文字。

■ 墓碑的兴起

"碑者，悲也。古者悬而窆用木"（唐陆龟蒙《野庙碑》）。但是，碑在使用过程中，为适应实际需要，不再局限于用来牵引下棺绳索。有的人怕日后时久找不到埋棺材的地点，就在遗留下来准备废弃的碑上，刻上死者姓氏名字等字，以作为标记；有的则述德纪事于上；或"臣子追述君父之功美，以书其上，后人因焉。故建于道陌之头显见之处"（汉刘熙《释名·释典艺》），"臣子或书君父勋伐于碑上，后又立之于隧口"（唐封演《封氏闻见记·碑碣》）。正因为"后人书之，以表其功德，留之不忍去"（唐陆龟蒙《野庙碑》），"其后相习成风，碑遂为刻辞而设"（马衡《凡将斋金石丛稿·中国金石学概要》）。其功能起了重大变化，由原先牵绳索引棺木入墓穴之柱，演变发展成为专门用来"刻辞"纪念墓中死者，为墓中死者颂扬功德、褒彰业绩的墓碑。因为古时堪舆家们认为墓的东南方向"谓之神道，言神灵之道也"（唐封演《封氏闻见记·碑碣》），所以古人便将墓碑竖立在墓的东南方向上，称之为"神道碑"。起初，"神道碑"并未规定什么样的人死后才可以树，后来随着封建等级制度的日益森严，变成只有封建统治阶级上层人物死后才能树立，一般的平民百姓是没有资格树"神道碑"的。

墓碑自产生以来就受到人们重视，特别是深得官宦和富豪们的青睐，"自秦汉以降，生而有功德政事者，亦碑之，而又易之以石"（唐陆龟蒙《野庙碑》），因而就更加兴盛地发展起来，乃至如朱剑心《金石学》所说，到东汉时，"其门生故吏为其府主刻石颂德遍于郡邑，风气极盛……"

取代王莽新朝的东汉创立者刘秀，原是南阳著名的大豪强。他的外祖父是有田数十平方公里的大豪强樊重，他所依靠的统治集团云台28将、32勋臣、365功臣是一个以南阳豪强为基干的豪强集团。中央集权的东汉朝廷，实际上并不能完全控制豪门大族，只能在不妨碍豪强利益的限度内对他们施行一定程度的控制权。为维护朝廷统治，光武帝刘秀采取"吾理天下亦欲以柔道籽之"的办法，对豪强势力实行妥协。正是在这样的情况下，东汉时期土地兼并日趋激烈，豪门大族势力越来越大。

这些豪门大族，生前生活奢华糜烂，"连栋数百，膏田满野，奴婢千群，徒附万计。船车贾贩，周于四方；废居积贮，满于都城，琦赂宝货，巨

▲ 东汉光武帝刘秀

室不能容；马牛羊豕，山谷不能受。妖童美妾，填乎绮室；倡讴妓乐，列乎深堂……三牲之肉，臭而不可食；清醇之酎，败而不可饮"（《后汉书·仲长统传》）。在死后，这些豪门大户为了能保住自己的世袭特权，把生前的荣华富贵带入冥冥世界，并期望自己能名留青史，垂之久远，于是又大办特办丧葬，大建棺木，大筑坟墓。"京师贵戚，郡县豪家，生不极养，死乃崇丧。或至金镂玉匣，檽梓梗楠，多埋珍宝，偶人车马，造起大冢，广种松柏，庐舍祠堂，务崇华侈。""工匠雕刻，连累日月"（《后汉书·王符传》引《潜夫论·浮侈篇》）。与豪华坟墓相应的能用来为死者炫耀身世、颂扬"功德"、传播"英名"的墓碑，便大获豪门大族之宠爱，家家户户竞相树立，乃至"东汉富贵人或名士墓前，往往立碑若干块，用以颂扬墓中人的功德"（范文澜《中国通史简编》）。在豪门大族的影响下，"边远下士，亦竞相仿效"（《后汉书·王符传》），形成了一种风靡社会的习俗，乃至在东汉桓灵之时，树立墓碑的风气更盛，据史籍记载，当时不仅达官贵人"生前死后，都要请文学家、画家、书家和雕刻家给他们表扬功德与夸耀富贵"（范文澜《中国通史简编》），竞相树碑立传，就是没有官职的庶民乃至幼童，也普遍树碑立传。例如，在东汉著名学者蔡邕的文集中，他为他人所撰写的碑文即占了近一半，其中为胡广、陈寔各写三碑，甚至袁满来死时才15岁，胡根才7岁，蔡邕也为二人作碑文，唐封演在《封氏闻见记·碑碣》中即记载说："前汉碑甚少，后汉蔡邕、崔瑗之徒，多为人立碑。"当时连蔡邕自己也曾对别人说："吾为碑铭多矣，皆有惭德，唯郭有道无愧色耳"（《后汉书·郭太传》）。由此可见，当时树立墓碑之风气，是何等的兴盛。

韩愈《贞曜先生墓志铭》

贞曜先生，即孟郊，这是他的私谥。孟郊（751—814年），字东野，湖州武康（今浙江德清县）人，祖籍平昌（今山东德州临邑县），唐代著名诗人。先世居汝州（今属河南汝州），后隐居嵩山。因其诗作多写世态炎凉，民间苦难，故有"诗囚之称"，与贾岛齐名"郊寒岛瘦"。孟郊一生穷困至极，死后，韩愈与樊宗师为之经营后事。张籍提议其私谥为贞曜先生，韩愈为其写了这篇墓志铭：

唐元和九年，岁在甲午，八月己亥，贞曜先生孟氏卒。无子，其配郑氏以告，愈走位哭，且召张籍会哭。明日，使以钱如东都，供葬事。诸尝与往来者，咸来哭吊韩氏，遂以书告兴元尹故相余庆。闰月，樊宗师使来吊，告葬期，征铭。愈哭曰："呜呼！吾尚忍铭吾友也夫！"兴元人以币如孟氏赙，且来商家事。樊子使来速铭，曰："不则无以掩诸幽。"乃序而铭之。

先生讳郊，字东野。父廷玢，娶裴氏女，而选为昆山尉，生先生及二季酆、郢而卒。先生生六七年，端序则见，长而愈骞，涵而揉之，内外完好，色夷气清，可畏而亲。及其为诗，刿目鉥心，刃迎缕解，钩章棘句，掐擢胃肾，神施鬼设，间见层出。惟其大玩于词，而与世抹摋。人皆劫劫，我独有余。有以后时闻先生者，曰："吾既挤而与之矣，其犹足存耶！"

年几五十，始以尊夫人之命，来集京师，从进士试，既得，即去。间四年，又命来，选为溧阳尉，迎侍溧上。去尉二年，而故相郑公尹河南，奏为水陆运从事、试协律郎，亲拜其母于门内。母卒五年，而郑公以节领兴元军，奏为其军参谋、试大理评事，挈其妻行之兴元，次于阌乡，暴疾卒，年六十四。买棺以敛，以二人舆归，酆、郢皆在江南。十月庚申，樊子合凡赠赙而葬之洛阳东,其先人墓左,以余财附其家而供祀。

将葬,张籍曰:"先生揭德振华,于古有光,贤者故事有易名,况士哉!如曰贞曜先生,则姓名字行有载,不待讲说而明。"皆曰:"然。"遂用之。

初,先生所与俱学同姓简,于世次为叔父,由给事中观察浙东,曰:"生吾不能举,死吾知恤其家。"

铭曰:

于戏贞曜,维执不猗,维出不訾,维卒不施,以昌其诗。

第二节　墓碑的形式与内容

■ 墓碑的形式

　　树碑历来都是造墓的重中之重，风水、墓碑的朝向等都关系着墓地吉凶。对于墓碑尺寸、文字大小、树碑动土时间，都要慎重考虑。通常都是先下葬，后树碑。原因有二：其一，下葬后，应留出一段雨水与泥土混合的时间，使虚方变为实方，可以避免树碑时地面出现凹陷；其二，下葬之后，需要给一段时间给家人斟酌碑文的时间。尤其是重要名人，碑文都应该慎重，用词讲究，需要深思熟虑一番。

　　对于墓碑尺度，应考虑传统信仰风水，取吉避凶，借助"风水尺"来裁定。南方有一种风水尺叫"丁兰尺"，常以此尺定吉凶。丁兰尺的一尺大约相当于38.1厘米，将一尺均分为十格，并在每个格里注上一个字，即财、失、兴、死、官、义、苦、害、丁等十个字。其中财、兴、官、义、旺、丁是吉祥格，可依尺度选用，而应避开失、死、苦、害、格等不吉利的凶格。还有现在土木工程中广泛应用的"鲁班尺"。鲁班尺分上、下两档，上部用于阳宅，下部用于阴宅。在长长的卷尺的每个厘米中，都表明了风水的吉凶。在现今的陵园中，运用鲁班尺设计、施工，都很注重其中的吉祥数字。如墓碑的尺寸，通常立碑高100厘米，宽60厘米，厚8厘米；卧碑高55厘米或者50厘米，宽80厘米，厚8

厘米。在鲁班尺上则显示出 100 厘米横财、顺科；80 厘米财旺、及弟；60 厘米进宝、横财；55 厘米大吉；50 厘米进宝、纳福。

■ 墓碑的内容

墓碑的石材，过去常用大理石、汉白玉，但易受到风雪雨水的侵蚀，极易风化。现代材质精美，有亮度和硬度的花岗岩更受青睐。

墓碑的内容比较丰富。包括风水情况、籍贯、姓名、身份、生卒年月日、子孙、立碑人、安葬或重葬的日期。

1. 风水情况

龙边是碑体重要部位，特指墓碑左边。内容要是山向及山向线度、分金线。如"立癸山丁向兼子午二分用丙子分金。"主要是为了告示后人，若遇到自然灾害的洪水冲刷，或其他人为因素，后人可根据碑上的风水情况文字，重新立碑。如"（袁可立）葬之日为崇祯丁丑十二月二十七日，墓在郡城南，去祖茔二里许，即勅建之茔道，旨同隧者也！"

2. 籍 贯

籍贯是墓碑的重要内容，尤其是客死他乡的人，在墓碑的左、右角最显眼的部位，刻上逝者的原籍，包括原籍的省、市、县名，有的只刻地区和村名。这既是对故乡的眷恋，也是为了方便后人祭扫能找到墓位。

3. 姓 名

姓名写于墓碑的写中榜，就是中心位置。墓主名字字数的多少也与风水吉兆有关联。一般是后辈为长辈立碑，通常要加许多敬辞，如父亲称考、显考，母亲称妣、显妣，男子加公、府君，女子加氏、孺人。

而且字数多少依"生、老、病、死、苦"五个字循环应用。其中以落在六、七、十一、十二、十六、十七的"生"、"老"二字上为吉利。"病"字为上中等，排在后两位的"死"、"苦"则被视为不吉利。所以在中榜之字时，会尽力用吉兆格式的数字。

4. 生卒年月日

生卒年月日写在中榜两旁，依"男左女右"，最好写全年月日。因为时间一长，可能户口注销，又改来改去，隔几代人才能找到先人的生卒年月日，比较困难，所以最好将这些写清楚、具体。

5. 立碑人

立碑人一般是逝者的亲友，一般写于碑的虎边，即右边。逝者子女应全部写上，若是已故子女，需在名字周边加框，依照辈分大小，自左至右排列。也有不愿流露姓名者，可写子女敬立或叩立、百拜敬立。

6. 造墓或重建墓时间

造墓或重建墓时间，也刻在碑的虎边。中国有很多记载时间的文字，有公元、农历，时节写冬至、清明者居多。年代日期亦多用干支。天干中的甲、乙、丙、丁、戊、己、庚、辛、壬、癸，与十二地支中的子、丑、寅、卯、辰、巳、午、未、申、酉、戌、亥结合起来，用以表示历法上的日子或月份。如甲子、乙丑……还有些文人将四季的春、夏、秋、冬，用十二个月均分，每个月另有名称。如一月称孟春，二月称仲春，三月称季春；四月称孟夏，五月称仲夏，六月称季夏；七月称孟秋，八月称仲秋，九月称季秋；十月称孟冬，十一月称仲冬，十二月称季冬。

现代的公墓中，大多墓碑上只刻有逝者的姓名、生卒年、立碑人及立碑时间。在名人墓碑上刻有墓主的生平。还有活着的人将自己悲痛的哀思、幸福的回忆等悼念死者。这活人与死人的情感交融都体现在了这块有限的墓碑上。

《兰亭序》真伪辩

在我国历史上，对所传的《兰亭序》是否是王羲之的真迹很长时期内人们是深信不疑的，但到清代碑学兴起，人们在对帖学重新进行审视中，对《兰亭序》的真伪提出了疑问。其中否定得最为坚决的是李文田，认为："世无右军之书则已，苟或有之，必其与《爨宝子》《爨龙颜》相近而后可"，坚决否定《兰亭序》是王羲之所书，认为王羲之在其所处的那个时代根本不可能写出《兰亭序》这样的行书作品，但是他的观点在当时和而后的很长时期内并未引起多大反响。擅长书法的著名历史学家、考古学家郭沫若在读了李文田为端方所收藏的《定武兰亭》所题的那段否定《兰亭序》是王羲之所书的跋文后，对《兰亭序》的真伪本来也存有疑问，当他在1964年、1965年相继看到书刻年代仅早于王羲之书《兰亭序》30年的《谢鲲墓志》，和书刻年代仅早于王羲之书《兰亭序》十来年，且又与王羲之为叔伯兄弟的《王兴之夫妇墓志》后，就更加进一步加深了对王羲之书写《兰亭序》的怀疑，认为王羲之的书体应与王、谢两墓志的书体相近，遂于1965年3月写成了《由王谢墓志的出土论到兰亭序的真伪》一文。文章明确表示赞同李文田的观点，并进一步提出：其一，根据王、谢墓志的书体，东晋书风不是如同现在我们所看到的《兰亭序》传本那样的，应该还有更多的隶书笔意，还不可能有王羲之那样的楷行书，所以《兰亭序》不可能出于王羲之之手；其二，《世说新语》有关于王羲之有《兰亭集序》的记载，但很简略，未及书法，只说别人把它与《金谷诗序》并论，王羲之也以能敌石崇而自喜，刘孝

▲ 《兰亭序》

标注文引了王羲之的序文，但标为《临河序》，文字出入很大，也短得多，虽有相同的句子，却反而多出一些今传《兰亭序》中所没有的内容。故而《兰亭序》从文字到书法，都出于后人伪托。造伪者就是智永，而世传冯承素摹本就是智永伪托的原迹。

郭沫若的文章在1965年第6期《文物》发表后，立即引起了学术界的震动，文博、历史、书法、文字、哲学、文学、美学等各方面的专家学者纷纷参加论辩。附和赞同郭沫若意见者甚多，其中有启功、宗白华、徐森玉、赵万里、李长路等学界名流。但反对郭沫若观点的也不乏其人，南京学者兼著名书法家高二适针锋相对地在《光明日报》发表了《兰亭序的真伪驳议》一文，商承祚、严北溟等著名学者起而响应，章士钊先生在《柳文指要》一书中也阐说了肯定的意见，从而展开了一场新中国成立以来第一次、也是规模最大的一次以书法艺术为中心、牵涉面很广的学术大论辩，大家从文字发展、书风演变、文献考证、思想风貌等多方面对《兰亭序》的真伪进行了深入的研究。此后，随着时间的推移，出土文物不断增多，这一问题孰是孰非也日趋明朗。特别是1977年安徽亳县出土了374块年代为东汉桓帝延熹七年（164年）到灵帝建宁三年（170年）的曹操宗室墓砖，墓砖上所刻字体有75%左右是楷行书。这一事实有力地证明，早在王羲之写《兰亭序》前200年的东汉时代，民间已经在使用楷行书了。至于《谢角昆墓志》《王兴之夫妇墓志》字体工整、肃穆，是沿袭了历代墓碑、墓志，多用楷隶等端庄字体，以示对死者的虔敬之故，并不能证明当时没有《兰亭序》那样的楷行书。因此，离民间已普遍使用楷行书的东汉200年后，王羲之精妙娴熟地掌握、运用楷行书艺术，写出《兰亭序》那样的书法杰作来是完全有可能的。说王羲之只能写出与《爨宝子碑》《爨龙颜碑》相近的字来的观点，显然是站不住脚的。

第三节　帝王陵墓碑

中国古代的帝王，为了显示自己的神圣无比和至高无上，同时，出于灵魂不灭、视死如生的观念，为了在寿终正寝进入冥冥世界后，能继续享受自己活着时所享受的那种人间最为奢侈淫靡的荣华富贵生活，往往在他们即位后不久，就开始建造自己死后"居住"的规模巨大的陵墓。根据对历代文献资料记载的查考，我国从传说中的上古三皇五帝到清朝末代皇帝宣统，汉族和其他少数民族建元称帝的共有500多个帝王。除魏晋六朝部分帝王怕死后陵墓被盗曾一度废除陵寝制度，元代元太祖铁木真（成吉思汗）以外各皇帝沿用蒙古族潜埋不起坟丘而未用陵寝，以及清末代皇帝宣统未建陵墓外，绝大多数帝王都自己建造或由后人建造陵墓，只是规模大小不等而已。有些帝王如唐代武后则天、明太祖朱元璋、清太祖努尔哈赤等，不仅为自己建造陵墓，还追封自己的先祖、父母为帝王并建造陵墓。据查考，历经数千年的风雨沧桑，至今在中国地面上或地下有迹可寻的帝王陵墓还有200多处。这些帝王陵墓，除南宋帝王因准备将来收复失地后迁回祖宗陵园而将陵墓修建得较为简单，和某些有特殊原因的帝王及生前即有位无权的傀儡式帝王的陵墓较为简单外，大多帝王陵墓都建筑宏伟、规模浩大，不仅建有宏伟豪华、犹如地上皇宫般的地下宫殿，而且在地面上还建有大批各种陵邑建筑和附属的石刻，有些还有大批皇室亲属和文武大臣的陪葬墓。而碑则是皇陵石刻中的一个重要组成部分。

■ 皇陵下马碑

在中国封建社会中，皇陵是极为庄严、神圣的禁地。帝王虽死，但其至高无上的地位依然存在，所有臣民都要对他视死如生，像生前一样无比尊敬他。在建造皇帝陵墓时，帝王们都煞费苦心地采用各种手段来显示"天子"的威严和尊贵，而皇陵"下马碑"即是用来表达帝王这一意图的最重要的载体，也是中国封建社会皇权至高无上的象征。

现存皇陵下马碑均为明清两代所立。如位于北京昌平的驰名中外的明十三陵，在进入陵区必经之路的大红门（亦称"大宫门"）两侧，分别竖立着两座高大的"下马碑"，上镌"官员人等至此下马"8个大字。在辽宁省新宾县启运山南麓埋葬清皇室先祖的清代帝王第一陵永陵的陵园门前，矗立着高大的下马碑，碑上用满、汉、蒙、回、藏5种文字镌刻着"诸王以下官员人等至此下马"的诏令。在辽宁沈阳市东北11公里处的清太祖福陵和河北易县清西陵雍正皇帝泰陵的陵园入口大红门的两侧，都竖有两座高大的下马碑，碑上用满、汉、蒙三种文字镌刻着"官员人等到此下马"的醒目大字。

"神道"是连通皇陵地面建筑的"中轴"，又称"御道""甬道"，是皇陵由大门通向祭殿和帝王墓冢的唯一的一条大道。"下马碑"位于"神道"起始处，是进入陵区的标志，对谒陵者具有警示作用，它以不容置疑的语气、命令前来谒陵者，到此必须文官下轿行走，武官下马行走。那时，在警卫极其森严的皇陵，不论何等官员，到"下马碑"前，都必须下马下轿，步行进陵，否则将会因"欺君罔上"而遭杀身之祸。

■ 帝王神功圣德碑

帝王神功圣德碑是用以刻载歌颂该皇陵中所埋葬的皇帝功德的石碑，均竖立于神道入口不远处。

按照中国先秦至秦汉的历朝礼制，帝王后妃陵前是不竖碑的，墓室里也不放墓志。这样做其意是表示帝王是"功德无量"的，无须也难以用文字表述。然而，唐武则天打破了这条千年定制，先是为自己死去的丈夫唐高宗在乾陵朱雀门外西侧竖立了高6.3米，由七节巨石拼就的神功圣德碑——《述圣碑》，亲撰8000余字碑文，竭力为唐高宗歌功颂德。继而，她又在乾陵朱雀门外东侧竖立了用西域进口的巨石雕成的高6.3米的《无字碑》，为自己炫耀功德。两碑相对，巍然矗立于安葬唐高宗和她自己的乾陵陵前。她在执政初封她母亲杨氏为晋国夫人，以王礼葬，称帝后又追封其母为忠孝太后，改墓为明义陵，并为其母在咸阳底张乡韩家村东建造陵园，将明义陵改称顺陵；于武周长安二年（702年）正月，在陵前立了为其母歌功颂德的"顺陵碑"。碑文3000多字，多处用了她自己造的字、由武三思撰文、相王李旦（即睿宗）书写。此碑于明万历四十三年（1615年）地震倒扑砸毁，断为数截，后发掘出土，现存残石8块，计200余字，藏陕西咸阳市博物馆。

武则天首开在帝王后妃陵墓中竖立歌功颂德之碑的先河，对后世各朝乃至唐王朝的周边地区都产生了深远的影响，帝王们多相效仿。

譬如，地处西藏的吐蕃王朝，历来是崇尚天葬、水葬的，自641年唐文成公主与松赞干布联姻后，受唐文化的影响，历代赞普（藏王）都实行了土葬，还建造了规模浩大的陵墓。特别是文治武功都足以与松赞干布比拟、与松赞干布、赤祖德赞一起被藏史称为"三大法王"

之一的第五代赞普赤松德赞，死后不仅实行了土葬，还在墓前竖立了为其歌功颂德的高8米的墓碑，其形制与乾陵的《述圣记碑》颇为相似，碑为方柱形，上宽下收，顶覆石珠式盖，盖下浮雕流云，四角飞天翱翔于云间，碑侧有龙纹，碑身正面镌刻着歌颂赤德松赞普一生功德业绩的藏文碑文。

又如明代，明开国皇帝明太祖朱元璋在安徽凤阳故里的明皇陵竖立了为父母和自己歌功颂德的《皇陵碑》和《无字碑》。明成祖朱棣在南京安葬其父明太祖朱元璋的明孝陵，竖立了高8.87米、为明太祖朱元璋歌功颂德的《大明孝陵神功圣德碑》。位于北京昌平明十三陵，在这里有明代13个皇帝的陵墓：明成祖朱棣的长陵、明仁宗朱高炽的献陵、明宣宗朱瞻基的景陵、明英宗朱祁镇的裕陵、明宪宗朱见深的茂陵、明孝宗朱祐樘的泰陵、明武宗朱厚照的康陵、明世宗朱厚熜的永陵、明穆宗朱载坖的昭陵、明神宗朱翊钧的定陵、明光宗朱常洛的庆陵、明熹宗朱由校的德陵和明思宗朱由检的思陵。在这13座明代皇帝陵前，无一例外地都竖有一座为该陵皇帝歌功颂德的神功圣德碑。但这13座明代皇帝的神功圣德碑，除明成祖永乐皇帝朱棣长陵和明思宗崇祯皇帝思陵的神功圣德碑刻有文字外，其余都是无字碑。但不论是有字的神功圣德碑还是无字的神功圣德碑，都建有碑亭，碑和碑亭的制作、雕刻都极为精致。如明成祖朱棣长陵的《大明长陵神功圣德碑》，始建于明仁宗洪熙元年（1425年），碑文由明仁宗御制，3500多字，先后历时10年，于明宣宗宣德十年（1435年）才正式建成竖立，碑高约10米，龙首、龟趺、碑亭外四隅立有四根华表，上下绞龙缠绕，顶盘蹲立异兽，气象颇为壮观。

清代沿袭为帝王刻立"神功圣德碑"这一做法。在清代皇陵中，为皇帝歌功颂德的"神功圣德碑"安置在专门为保护碑而建立的"神功圣德碑楼"里，称为大碑楼。在辽宁省新宾县启运山南麓清祖陵永陵的院内，横列着"肇兴景显"四帝的正方形碑亭，亭中分别安置着颂扬清太祖努尔哈赤的远祖清肇祖猛哥帖木儿、曾祖清兴祖福满、祖父清景祖觉昌安、父亲清显祖塔克世功德的"神功圣德碑"。在河北省遵化县清东陵的五座清代皇帝陵中，清世祖顺治皇帝的孝陵、清圣祖康熙皇帝的景陵、清高宗乾隆皇帝的裕陵是建有"神功圣德碑楼"的。在河北省易县清西陵的四座清代皇帝陵中，清世宗雍正皇帝的泰陵和清仁宗嘉庆皇帝的昌陵是建有"神功圣德碑楼"的。不过清代皇陵的"神功圣德碑"与明代皇陵的"神功圣德碑"不尽相同。明代15座皇陵中每座都有"神功圣德碑"。但除安徽凤阳的明皇陵、南京的明孝陵、北京明十三陵中的长陵和思陵少数几座"神功圣德碑"刻有文字外，其他明代皇陵的"神功圣德碑"都是无字碑。而清代皇陵则并非每座陵中都有"神功圣德碑"，如清东陵中清文宗咸丰皇帝的定陵、清穆宗同治皇帝的惠陵和清西陵中清宣宗道光皇帝的慕陵、清德宗光绪皇帝韵崇陵都无"神功圣德碑"，但凡竖有"神功圣德碑"的，则碑上都刻有文字，没有一座是无字碑。如，在清雍正皇帝泰陵神道起始点大红门右侧的具服殿（皇帝或主祭大臣更衣的地方），沿着神道再往北走几步，即可看到在神道上矗立着两座高30米、重檐歇山、黄瓦盖顶的大碑楼，碑楼内竖立着两座高大的神功圣德碑，用满、汉两种文字镌刻着雍正皇帝的"功德"。

■ **皇陵神道碑**

所谓神道碑就是立在墓前记载死者姓名和日期的石碑，也即墓表，

"墓表与神道碑异名同物"(《碑版广例》卷九)。皇陵神道碑即是竖立于皇陵神道尽头处陵园寝殿前或帝王墓冢前,刊刻帝王名讳和谥号的石碑,也即帝王的墓碑。它与竖立于离皇陵神道入口不远处的"神功圣德碑"遥遥相对。尽管神道碑起于汉代,但是中国古代礼制在帝王陵墓前是不竖碑的,因此皇陵神道碑的出现应在唐武则天以后。自武则天在乾陵首开竖立为唐高宗歌功颂德的"述圣碑"后,不但在皇陵竖立神功圣德碑这一礼制为后世各朝所沿袭,而且在皇陵中为帝王竖立神道碑这一礼制也发展起来。

明皇陵中不仅全部竖有"神功圣德碑",而且还都立有帝王的神道碑,神道碑竖立在皇陵的明楼里。如在北京明十三陵长陵的明楼里,竖立着明成祖的神道碑,碑阳镌刻着"成祖文皇帝之陵"7个大字,原碑在明神宗万历年间被火焚毁,现存此碑系后来重立。在定陵的明楼里,竖立着明神宗的神道碑,碑阳镌刻着"神宗显皇帝"5个大字,迄今已

400多年，仍完好无损。明楼是明陵特有的建筑，明楼里竖立着皇帝的神道碑，在神道碑正面的明楼前面，设有石台，台上放置用汉白玉雕成的一只香炉、两只香瓶、两只烛台，合称"五供"，是祭祀用的供物，祭祀帝王的隆重仪式就在这里对着神道碑举行。

清朝将明代在皇陵竖立帝王神道碑的礼制沿袭了下来，每座神道碑亦都建有碑楼，相对于安置神功圣德碑的大碑楼而言，称做小碑楼。不过，清朝的皇陵神道碑与宋、明的皇陵神道碑不尽相同，宋、明的皇陵神道碑上只有用汉字一种文字刊刻的皇帝谥封的名号，而清朝的皇陵神道碑上皆用满、蒙、汉三种文字刊刻皇帝的谥封名号，满文居中，蒙文居左，汉文居右。如清东陵内孝陵的小碑楼中，就竖有清世祖顺治皇帝的神道碑，碑上用满、蒙、汉三种文字镌刻着清世祖爱新觉罗·福临的谥封名号："体天隆运英睿钦文大德弘功至仁纯孝章皇帝"。

■ 帝王后妃陵墓标示碑

帝王陵墓标示碑是立在帝王陵墓所在之处或传说中的帝王陵墓所在处，刊刻该帝王陵墓名称的石碑，具有纪念性作用，但主要是起标识性的作用，以使前来拜谒、凭吊、游览之人便于寻找和辨识。从现有的帝王陵墓来看，这类标识碑均非建陵时所立，而是后人出于纪念和辨识之需要而加立的，也可以说是后世之人为前世帝王加立的象征性墓碑。

就拿现存的商代帝王陵墓来讲，都是由后人加立标示碑的。位于安徽亳县城北门外1公里涡河北的商汤陵墓，其陵前竖立的"商成汤之墓"这块起标示作用的象征性墓碑，是清乾隆年间书法家梁巘书写刻立的；而富有传奇色彩的商代暴君商纣王之墓墓前所竖立的起标示作用的象征性墓碑，则是今人所加立的。商纣王墓坐落在河南省淇县城东8公里处河口村北淇河大堤内。淇县古时为沬，后称朝歌，为商纣王之帝都。纣王墓亦名"纣王窝"，据明嘉靖二十四年（1545年）的《淇县志》记载："纣王窝，在县东四流社淇河内，纣葬于此，故名。"纣王墓其实只不过是一个大土丘，长100米，宽25米，高12米，纣王墓北边有一小冢，据说是纣王宠妃妲己之墓。不可一世的暴君商纣王死后之所以会埋葬在淇河，民间流传着这样一段有趣的传说：纣王有个儿子名叫武庚，他非常看不惯纣王的所作所为，总是故意跟纣王闹别扭，唱反调。纣王牧野之战大败于周之后，自知大势已尽，就将武庚叫来交代后事。他心想，儿子总是跟自己唱反调，如果叫他将来把自己埋在淇河里，他一定会将自己葬到风景秀丽的太行山上，于是就对儿子说，我死后你将我葬在淇河里我就心满意足了。谁知偏偏武庚心想，自己从来没有听过父亲的话，这回父亲要离开人世了，就听他一次话吧，也总算尽了一分孝心。于是在周武王攻破朝歌、纣王登鹿台跳火自焚后，武庚就捡回纣王的残骨，埋入了淇河里。相传恰巧这时刮起一阵大旋风，带起来大量飞沙走石，将埋纣王的小土包堆成了一个大土堆，于是，这就成了如今人们所见到的纣王墓。据地方史志记载，墓前原有后人所立一通巨碑，上镌"纣受辛之墓"五个大字。由于商纣王一生荒淫残暴，极其不得人心，他的墓根本无人来扫祭和修整，墓地早就杂草丛生，荆棘遍地，古墓碑也早就亡佚。

近年来，随着朝歌古迹知名度日高，国内外许多知名人士和专家学者纷纷前来进行考察研究，当地有关部门对纣王墓重新加以整修，于1987年9月16日，由全国人大常委会副委员长周谷城为纣王墓题写了"纣王之墓"4个遒劲的大字，重新刻石立碑，作为商纣王墓的标志。

中国社会科学院历史研究所的两位学者共同为纣王墓撰写了碑文《商纣传》，刊刻于碑阴。如今，此墓此碑，已成为海内外同胞来朝歌观光的主要景点之一。

秦二世胡亥是继商纣王之后的又一暴君，在秦末农民起义中，最终被

▲ 隋炀帝下江南

狼狈为奸的奸相赵高逼迫自杀，落了一个既可耻又可悲的下场，死后被草草埋葬。现在人们在陕西西安大雁塔东南一片洼地南岸见到的秦二世胡亥的墓碑，是清乾隆丙申年（1776年）咸宁知县丁尹志和兵部侍郎兼陕西巡抚毕沅补立的起标示作用的象征性墓碑。此碑背面刻有与秦二世胡亥毫无关系的旧碑文，可见系废物利用刻成的。此碑是中国历代帝王最寒碜的一块墓碑。

在我国历史上，扬州以隋炀帝三下扬州看琼花而闻名于世。隋炀帝这个可与商纣王、秦二世相提并论的荒淫凶残、恶贯满盈的暴君，最终也是被其臣下宇文化及杀死在江都（今扬州）迷楼宫中的。埋葬在扬州观音山北的雷塘。由于生前极其不得人心，其陵墓早就荒圯，直至清嘉庆年间才被著名学者阮元发现。现陵前存有嘉庆十二年（1807年）阮元所立、由当时的著名书法家、扬州知府伊秉绶所书的"隋炀帝陵"标示碑。

又如，在河南孟津县白河乡铁谢村西的南依邙山、北临黄河之处，

坐落着东汉世祖光武帝刘秀的陵墓，俗称"刘秀坟"。陵墓占地50000平方米，周长1400米，四周围着红墙，陵园内芳草茵茵，青砖铺成的神道，从陵园门口直达墓冢，冢高20米，陵前竖立着一块上刻"东汉中兴世祖光武皇帝之陵"12个大字的石碑，这块起标示作用的象征性墓碑，即是清乾隆五十六年（1791年）时所加立的。

再如，在陕西乾县唐高宗李治和武后则天的合葬墓乾陵前，在陕西西安市南郊汉宣帝刘询的杜陵前，各竖有一块石碑，碑上分别镌刻着"唐高宗乾陵"和"汉宣帝杜陵"5个苍劲古茂的隶书大字，这两块起标示作用的象征性墓碑，都是清代乾隆年间陕西巡抚毕沅书写竖立的。有意思的是，尽管毕沅明明知道乾陵中安葬着的，不仅有唐高宗李治，还有执掌国家大政半个世纪之久的历史上的唯一女皇帝"则天大圣皇帝"，但是出于封建正统观念，他还是把乾陵称为"唐高宗乾陵"，对武则天只字不提。然而，一千多年来，极少有人将乾陵称为唐高宗墓，不论是当地人还是外地去游览观瞻的人，一般都将乾陵称为"武则天墓"，附近的老百姓甚至还把乾陵称为"姑婆岭"，这大概是历史对封建正统观念的一种绝妙的讽刺。

 **知识链接**

徐渭《自为墓志铭》

徐渭（1521—1593年），字文长，初字文清，别号田水月、天池山人、青藤道士，山阴（今浙江绍兴）人。徐渭是一位多才多艺的文学艺术家，他自己说："吾书第一，诗二，文三，画四。"其文为唐宋派作家唐顺之、茅坤所赏服，也被公安派作家袁宏道称为"一扫近代芜秽之习"。此外，他还是一位戏曲作家，他的《四声猿》为汤显祖所激赏。

山阴徐渭者，少知慕古文词，及长益力。既而有慕于道，往从长沙公究王氏宗。谓道类禅，又去扣于禅，久之，人稍许之，然文与道终两无得也。贱而懒且直，故惮贵交似傲，与众处不浼袒裼似玩，人多病之，然傲与玩，亦终两不得其情也。

生九岁，已能为干禄文字，旷弃者十馀年，及悔学，又志迂阔，务博综，取经史诸家，虽琐至稗小，妄意穷及，每一思废寝食，览则图谱满席间。故今齿垂四十五矣，藉于学宫者二十有六年，食于二十人中者十有三年，举于乡者八而不一售，人且争笑之。而己不为动，洋洋居穷巷，傤数椽储瓶粟者十年。一旦为少保胡公；罗致幕府，典文章，数赴而数辞，投笔出门。使折简以招，卧不起，人争愚而危之，而己深以为安。其后公愈折节，等布衣，留者盖两期，赠金以数百计，食鱼而居庐，人争荣机而安之，而己深以为危，至是，忽自觅死。人谓渭文士，且操洁，可无死。不知古文士以人幕操洁而死者众矣，乃渭则自死，孰与人死之。渭为人度于义无所关时，辄疏纵不为儒缚，一涉义所否，干耻诟，介秽廉，虽断头不可夺。故其死也，亲莫制，友莫解焉。尤不善治生，死之日，至无以葬，独馀收数千卷，浮磬二，研剑图画数，其所著诗若文若干篇而已。剑画先托市于乡人某，遗命促之以资葬，著稿先为友人某持去。

渭尝曰：余读旁书，自谓别有得于《首楞严》、《庄周》、《列御寇》若《黄帝素问》诸编（倘假以岁月，更用绎，当尽斥诸注者缪戾，摽其旨以示后人。而于《素问》一书，尤自信而深奇。将以比岁昏子妇，遂以母养付之，得尽游名山，起僵仆，逃外物，而今已矣。渭有过不肯掩，有不知耻以为知，斯言盖不妄者。

初字文清，改文长。生正德辛巳二月四日，夔州府同知讳鏓庶子也。生百日而公卒，养于嫡母苗宜人者十有四年。而夫人卒，依于伯兄讳淮者六年。为嘉靖庚子，始籍于学。试于乡，蹶。赘于潘，妇翁薄也，地属广阳江。随之客岭外者二年。归又二年，夏，伯兄死；冬，讼失其死业。又一年冬，潘死。年秋，出僦居，始立学。又十年冬，客于幕，凡五年罢。又四年而死，为嘉靖乙丑某月日，男子二：潘出，曰枚；继出，曰杜，才四岁。其祖系散见先公大人志中，不书。葬之所，为山阴木栅，其日月不知也，亦不书。铭曰：

杼全婴，疾完亮，可以无死，死伤谅。兢系固，允收邕，可以无生，生何凭。畏溺而投早嗤渭，即髡而刺迟怜融。孔微服，箕佯狂。三复《蒸民》，愧彼"既明"。

第三章
中国古代墓志铭

　　墓碑有埋于墓穴和立于地表两种,所以墓碑文也分为两种,即墓志铭和墓表文。立于地表的墓碑文为墓表文,而埋于墓穴中的墓碑文就是我们要介绍的"墓志铭"。墓志铭的内容包括墓主之世系、姓名、官爵、寿享、卒葬时间、葬地及子孙情况,重点则在记述墓主的生平事迹。

第一节　从志墓到墓志

■ 墓志定名

埋葬于坟墓中，记录与墓主姓名、籍贯、谱系、履历、寿年、卒葬年月、官阶品级、生平事迹、子孙概况等相关内容的石刻文字，统称为墓志。

历史上对墓志有不同的称谓，有的纯粹是名称不同，其实完全没有区别，有的则因时代、对象、内容特殊而略有差异。其称谓主要有"墓碣"、"葬志"、"墓记"、"志文"、"埋铭"、"神铭"、"墓版文"、"玄堂志"、"铭闻"等。佛教僧侣墓志称"塔铭"、"塔记"。以埋葬情况不同，又有不同称谓。停柩待葬，权且放置，称"权厝志"；殡后行葬，再刻者称"续志"，或称"后志"；夫妻、父子合葬，称"合祔志。"

墓志的主要内容和用途是用石质作为书写材料，叙志主谱系，记录其生卒，叙述其一生的事迹，标埋葬地点，表达对墓主的赞颂、哀悼和怀念，并将刻石随葬于墓中，以永远地铭记。铭文自身大致概括了墓志的性质、内容、特征以及制作墓志的意图。

■ 墓志的形成

东汉末年，汉室衰微，群雄纷争，经过长期的角逐和相互攻阀，形成魏、蜀、吴三国鼎立之势。任何一方都希望一统天下，连年征战，军事消耗巨大，其他方面就受到制约，东汉盛行的立碑之风此时受到限制，曹魏明令禁碑。两晋沿袭魏制，未弛立碑禁令。

累申禁止立碑令，制止了人的公开立碑，却无法改变早已深入人心的民间悼念、褒彰死者的习俗，更无法改变世家大族、达官贵人想使自己的名字和"功德"死后永垂千古、传之久远的企望，于是乎，新的变通办法应运而生，出现了替代墓碑的变异形态。

起初，人们制作一些小型墓碑，简单地刻上死者姓名、官职、籍贯，和死者一起埋入墓中，如现藏西安碑林的《张永昌墓碑》和《夫人天水赵氏墓碑》。《张永昌墓碑》全称《晋故谯郡功曹史镇南将军颖阴张君永昌之神柩》，刻于西晋时期（265—316年）。1931年左右出土于河南洛阳，旧藏鸳鸯七志斋，1940年经于右任移存西安碑林。碑为尖首形，高仅27厘米，宽10厘米，为现存墓碑中之最小者。碑阳刻隶书3行，首行9字，次行8字，末行3字、尖额减底阳刻双蟠纹，碑阳中间刻字，两侧各刻供养一人。《夫人天水赵氏墓碑》刻于西晋泰始四年（268年）七月三日，原从洛阳出土，1940年经于右任移存于西安碑林。此碑通高27厘米、宽10厘米，与张永昌墓碑同为最小的墓碑。碑为尖首形，尖额部分为减底阳刻双兽纹，碑身两旁各刻一侍女，雕刻技法颇佳，是研究了解晋代衣冠服饰颇有价值的实物资料。碑身中间阴刻题字2行，一行正文为"夫人天水赵氏"6个字，一行为日期"泰始四年七月三日造"9个字。两行合计为15个字，而碑文正文仅6个字，不论是正文字数，还是全碑合计字数，均为现存墓碑中文字最少者。

然而，由于这种小碑过于简单，不能满足生者纪念、褒彰死者的需要。于是，萌芽于先秦的碑的另一种变异形态墓志便适应需要而兴盛起来。所谓墓志即是一种埋幽之铭，是生者为纪念死者而随死者埋放入墓中的记述死者生平、颂扬死者功德的传记石刻，藉以流传久远，性质、功能和碑相近，只是形式与碑不同，其完整形式包括首题、志文及颂文三个部分。但是，墓志并不是从一开始起就具有这样完备形式的，和其他事物的发展一样，墓志的发展也经历了一个从低级到高级，从萌芽到成熟的过程，它从产生起到形成完备的形式，经历了一个逐步演进的过程，根据对出土实物和文献记载特别是对近几十年来大量新出土实物的考察研究，可以认为，墓志的形成大约经历了四个阶段。

1. 第一阶段，刻铭墓砖——墓志的原始形态

1987年夏初，山东邹城市文物管理处在峄山镇张庄村村民手中，征集到两块出土于张庄村西北约500米处的一座古墓中的刻有铭文的墓砖。两块墓砖大小基本相同，长25厘米，宽12厘米，厚5厘米，正反两面均刻有文字，一面字迹漫漶不清，一面字迹较清晰，上刻3行11字。从可识辨的"我之母之疾"等字来推测，铭文内容是对死者生平的介绍和对死者的哀悼之词。1992年，经著名文物专家史树青教授鉴定，这两块刻铭墓砖的年代为战国时期。这两块刻铭墓砖虽所刻铭文极为简单，但其已具有标志墓中死者身份的作用，这说明这种刻铭墓砖，已初步具有了"墓志"的功能。可以认为，这种刻铭墓砖，实际上即是墓志的最初萌芽，是墓志之滥觞。

这样的刻铭墓砖,到秦代有新的发展。20世纪70年代末,在陕西临潼县赵背户村发现了修建秦始皇陵的工徒墓地,出土了刑徒的砖刻墓志文字。这些文字虽然相当简略,但明确地记录了建陵死者的籍贯、身份和姓名等生平情况。汉代的刑徒墓砖,清代末年就曾在洛阳出土,1964年在洛阳发掘了522座东汉刑徒墓,又出土了820余块刑徒墓砖,其中有日期者共229块,自东汉和帝永元十五年(103年)至安帝延光四年(125年)。例如清末出土于河南洛阳、刻于东汉永元二年(90年)的《刑徒东门当残砖铭》,就镌刻着用隶书写的"永元二年九月廿日颖川武阳髡钳东门当死在此下",共刻3行,每行6至8字不等,计21字。记录下了死者的籍贯、身份、姓名和死期及埋葬地点。尽管其文字极为简略,且因墓中死者身份低贱,书写镌刻非常草率,但其已具有墓志的标志墓中死者基本生平情况的功能,故从广义上讲,可视为是一种原始形态的墓志。

2. 第二阶段,墓石——墓志的雏形期

从现有出土实物和文献记载看,起源于战国刻铭墓砖为表现形式的原始形态的墓志,在东汉中后期发展到了一个新的阶

▲ 东汉刑徒墓砖志拓片

段，出现了一种新的形式——墓石，如刻于汉殇帝延平元年（106年）的《贾武仲妻马姜墓石》、刻于汉安帝元初二年（115年）的《张盛墓石》、刻于汉桓帝元嘉元年（151年）的《缪宇墓石》、刻于汉桓帝永寿元年（155年）的《徐州从事墓石》、刻于汉灵帝建宁四年（171年）的《胡元壬墓石》等。尽管这些墓石还不具备由首题、志文、颂文三部分构成的完整的墓志形态，且石质也较粗糙，刻工也较拙劣，但其在所刻内容上已远远比"刑徒砖"那样的原始形态墓志丰富得多。例如刻于延平元年（106年）九月十日、1929年出土于河南省洛阳、孟津、偃师三地接壤处王窑村、曾藏于罗振玉处的《贾武仲妻马姜墓石》高46厘米，宽58.5厘米、隶书15行，每行13至19字不等。碑文记载道："惟永平七年七月廿一日，汉左将军特进胶东侯第五子贾武仲卒，时年廿九，夫人马姜，伏波将军新息忠成侯之女，明德皇后之姐也。年廿三，而贾君卒。夫人深守高节，劬劳历载，育成幼爱，光耀祖先，遂升二女为显节园贵人……"此石不仅记载了死者的姓名、身份、籍贯、死期，还对死者的生平作了较详细的记载，并颂扬了死者的功德。

3. 第三阶段，碑形墓志——墓志与墓碑的融合转变期

根据对现有出土实物和文献记载的考订分析，可以发现，墓志在发展过程中，在魏、西晋时期经历了一个与墓碑融合的转变期，出现了一种集墓碑和墓志于一体的碑形墓志。例如，现珍藏于西安碑林的刻于西晋惠帝永平元年（291年）的《菅氏夫人墓碑》并阴，即是这种介于碑碣与墓志中间过渡式样的小型墓碑。这一块碑形墓志系1930年出土于河南洛阳北门外后坑村，高59厘米，宽25厘米，碑阳并阴都刻有文字。碑首为圆形，碑正面圆首形碑额内刻有"晋待诏中郎将徐君夫人菅氏之墓碑"隶书3行15字，圆形碑首上刻三条弧形晕线，边晕下端刻有简单的螭首形状，当系由汉碑的形制蜕变而来。碑阳刻有隶书11行，每行16字，为死者的出身、行状、葬地、年月等；碑阳刻有隶书7行，每行10字，为赞颂死者的铭文。这种碑形墓志在近几十年来的出土实物中屡有所见。例如《考古学报》1957年第1期《洛阳晋墓的发掘》一文所介绍的1953年出土于河南洛阳、刻于西晋惠帝元康八年（298年）的《徐义墓志》，其形状为碑形，首题"晋贾皇后乳母美人徐氏之铭"，志文长近千言，志末刊刻"颂辞"。再如《文物》1965年第12期《北京西郊西晋王浚妻华芳墓清理简报》所介绍的，出土于北京八宝山的西晋幽州刺史、骠骑大将军王浚的第三个妻子华芳的墓志，其首题为"晋使持节侍中都督幽州诸军事领护乌丸校尉幽州刺史骠骑大将军博陵公太原晋阳王公故夫人平原华氏之铭"，长达46字；其形状亦为碑形，高131厘米，宽57厘米，厚7厘米，四面环刻志文。志文第一部分记华芳丈夫王浚曾祖、祖父的名字，官爵及其妻子的姓氏、葬地以及王浚三个妻子的姓名、年寿、葬地及她们三四代先祖、外祖、伯父母、舅父母、兄弟姐妹、子女及子女姻亲中有地位者的名字、官爵；志文第二部分记华芳的生平、品行；第三部分是对华芳的颂词。志文共涉及王浚和妻子的有关的十几个家族、几十个人。魏晋南北朝人重视世家门第，华芳墓志即突出地反映了这一点。从这些志石上可以看出，这时的墓志其志文已经"首题""志文""颂辞"三者齐全，除未明言"墓志铭"外，实际上已具备了完整的墓志形式。然而，就墓志的形制来讲，除一部分为长条形或方版形，有些两块志石刻字拼成一方或数块刻同一内容外，还有许多墓志顶端呈圆弧形或尖形，下部方形，类似墓碑，其志文有的一面刻字，有的则犹如墓碑两面刻字，还有的甚至四面刻字。之所以会出现这种碑形墓志，究其原因，大约主要是由于魏晋禁碑造成的，禁碑的结果，使原应竖于地面上的墓碑，不得不在形制上作一些改变后，作为墓志埋入了地下。这就出现了由墓碑向墓志转变、墓志墓碑融合于一体的碑形墓志。

4. 第四阶段，完整形式的墓志——墓志的定型期

根据对现有出土实物的考订和对文献记载的研究分析，墓志在西晋末年到南北朝初年已经发育成熟，进入了具有完整形式的定型期。在近几十年来的出土实物中，这一时期的具有完整形式的墓志屡有发现，例如：1991年6月中国社会科学出版社出版的洛阳市文物工作队《洛阳出土历代墓志辑绳》一书中所介绍的西晋《南阳王妃墓志》，刻于西晋末年晋愍帝建兴三年（315年），志石形制规范，高36厘米，宽36.5厘米，呈正方形，已完全没有墓碑的痕迹，行款整齐。首题为"晋故以左丞相都督诸军事南阳王妃墓志铭并序"。志文12行，满行19字，志石最后刻有颂文4行。志文记载了墓主的身份为"刘康公之侄女也"，还记载了墓主的卒年，云："建兴三年岁次乙亥，享年不永，春秋四十有七。越三月戊寅朔，九日甲申窆葬于洛阳郡仁义里之原壤也。"又如《洛阳出土历代墓志辑绳》介绍的另一块墓志、刻于北魏太武帝始光二年（425年）的《靳英墓志》，志石形制规范，呈正方形，石高39厘米，宽29厘米，志文7行，满行13字，后刻颂文3行，首题为"魏故靳府君墓志铭"。从这两块墓志可以看出，这个时期的墓志不仅首题、志文、颂文三者齐全，且明言"墓志铭"，形制规范，行款整齐，显然已经进入了墓志的定型期。以往论及墓志的起源，都依刘承干《希古楼金石萃编》所说，将出土于山东益都、刻于南朝刘宋孝武帝大明八年（464年）的《刘怀民墓志》作为最早的具有完整形式的墓志，而新发现的上述《南阳王妃墓志》，比《刘怀民墓志》早了整整150年，因此，西晋《南阳王妃墓志》应该说是目前所知的最早具有完整形制的墓志。

■ 墓志的勃兴

从考古发现看，墓志的原始雏形刻铭墓砖早在战国时期即已出现，在西晋末年已发育成熟，进入具有完整形制的定型期。但是真正勃兴则是在南北朝时期，特别是北朝墓志最为流行，其中以北魏数量居多，尤其是魏文帝迁都洛阳以后，设立墓志的风气更是大盛，如现存于西安碑林的墓志中，北魏的墓志就占有很大比重。据查考，西安碑林中共收藏历代墓志869种，其中北魏墓志152种，约占所藏墓志总数的17.5%。北朝墓志大多为方形或长方形，但也有少数为长方柱形、龟形、碑形，也有的上半部为龛形，内刻佛像。志文一般为几百字、上千字，也有少数墓志字数较少。志文大多前冠题额，次记死者家世、生平，后加颂辞，多数为楷书，也有一些书体介于隶楷之间。同时，北魏时还出现了一些加盖墓志，有的盖上刻死者官爵、姓名，代替了题额。近数十年来，所出土的墓志数以千计，其中主要就是南北朝时期北朝的。在王壮弘的《六朝墓志检要》中，所收录的北魏墓志就有380种，西魏东魏的56种，北齐北周的87种。这些北朝墓志表现出四大特点：第一，不仅数量众多，而且所刻书体真、行、篆、隶都有，晚近期甚至还有少数书刻草书的；第二，埋于墓圹内免受风雨剥蚀和人为破坏，保存完好；第三，大多数书写精美，镌刻精工；第四，制作精细，志石打磨平整，易于捶拓。唐代以前的墓志历来为人们所珍视，而北魏墓志由于数量众多，且书法"五体"具备，风格多样，故也最受重视和称道，前人将其比之为"千岩竞秀，万壑争流"，并非溢美之词。北魏孝明帝正光（520—525年）以前的墓志，气象肃穆浑厚，风格类似同时期的龙门造像记和其他丰碑、摩崖。而正光以后的墓志，则多趋秀润婉雅、工巧精细，韶美流丽。所以这些墓志就成为后世了解北朝书法、镌刻艺术和许多历史事件、历史人物的不可多得的宝贵资料。

第二节　墓志铭的内容和文体

■ 墓志铭的内容

墓志铭，由于是刻在墓穴里的石碑上的，所以又称为埋铭、圹铭、圹志、葬志。又由于死者安葬情况的特殊性，也就出现一些特殊的名称，如因死者暂不下墓而将灵柩暂寄埋某地，那么其墓志铭称为全厝铭；若墓主客死他乡而后归葬，则叫归祔志；原已下葬后又因故迁葬就叫迁祔志。

早期的墓志内容简单，重于叙事。宋、北魏前期，墓志朴实无华；南北朝后期，志文开始繁缛；到北周，文字繁富，雕琢修饰，动辄千言；到唐代，踵事增华，有洋洋数千言者。直到韩愈、柳宗元力矫其弊，墓志文又回归古文简朴之风。到宋代，又注重辞藻华茂，多长片巨制，繁冗拖沓。因此墓志铭文在各个时期有不同的特点。

墓志铭由两块正方形石碑组成，称为一合。上为墓盖，用简单的文字叙述，一般用楷书或篆体刻写着朝代、官衔和姓氏。如"大唐故张府君墓志铭"、"大唐故雍王墓志之铭"等。另在文字周边刻有精美的花鸟纹饰。另一面，文字较多，记述这墓主的姓名、籍贯，生平功绩，最后是铭文，大多为韵文。每一合墓志铭上，都有历史、文学、书法、艺术内容，体现出当时的文化特色。如"宪宪袁公，命世伟人。

应运而出，蔚为宝臣。鸾捷棘署，凤鸣柏府。肺石无宽（觉），衮衣有补。"

■ 墓志铭的文体

墓志铭的文体，就一般体例而言，分为两部分，即"志"和"铭"。志在前，用于记述死者世系、姓名、官爵、卒葬年月、葬地以及子孙后代的情况，以及评介墓主生平事迹。实际上，"志"的部分是一篇墓主传略。所以《文心雕龙·诔碑》说："属碑之体，资乎史才；其序则'传'，其文则'铭'。"意思是说，诔碑（即"墓志铭"）的文体分为两部分，序的部分是传记，文的部分是"铭"。因为写作重点是传记，所以撰写墓志铭要具备修史的才能。志的内容多，一般说来篇幅较长，所以多用散文体。

铭的部分在后，内容主要颂扬墓主德业，遵古式多用韵文，篇幅一般不长。

概括来说，墓志铭的体例是以志为中心，前志后铭，志用散文，铭用韵语。这是常格，其他则是变格。

墓志铭多是墓主家属请人代撰写的，所以多为应酬之作，往往华而不实。但墓志铭的撰写者多是当时的能文之士，且不少是当时文林名家高手，加上墓主往往是朝廷重臣或著名人物，有特殊的身份与经历，所以虽是应人之请，但他们往往把它视为驰骋才情的机缘，因而乐于精心构思，写出不朽之作。抛开史料价值不说，单从文学角度而言，这些作品往往写得条理清晰，用语庄重典雅，整体上呈现出质朴凝重洗练的特殊风格，具有很高的文学审美价值。特别值得一提的是韩愈，他成功地运用了《史记》人物传记的文学手法撰写墓志铭，着意刻画墓主生前的性格，极大地增强了墓志铭的文学色彩。把原本是适应旧时殡葬制度而产生的应用文发展成为一种文学散文作品，这是他的贡献，有着深远的影响。他写《试大理评事王君墓志铭》，选取墓主生前应试、隐遁前后的细节去刻画形象表现性格，极其生动具体。志末又详细写了墓主生前娶高氏女的有趣过程，这就把墓主那种"坏奇负气"、富有传奇性的奇士风貌

活脱脱展现了出来，真是"起死回生"之笔！又为《柳子厚墓志铭》，一反旧格局，把叙事、议论、抒情巧妙地融合在一起，既记述了柳宗元坎坷的人生经历，又评价了他的文章、才学和道德人品，还抒发了自己对柳宗元的哀痛惋惜之情，将一篇墓志铭写成了文学评传，这既是他对墓志铭文体的变革、发展，也是他非凡的文学才能的展现。

 知识链接

坟墓上栽草套竹箩

很久以前，哀牢山上有一户人家，祖孙三代以务农为生。祖父年已八旬，只会吃不会动，就连起居饮食都得由儿子照料。起初，儿子还知孝顺，衣食住行都照顾得很周到。俗话说，久病无孝子。日子久了，儿子感到很累，心中闷闷不乐。

一天儿子劳动回来，收拾了家务，躺在床上翻来覆去地想：父亲年

纪大了只会吃饭，不会劳动，还离不开人伺候，不如把他早日送上山去，免得天天劳累。

第二天，儿子宰了自家的大母鸡，让父亲好好的吃了一餐。饭后，他找来了一个竹背箩，将父亲抱进竹背箩里。老父亲感到奇怪，就问："儿要把我背到哪里去？""你长期闷在家里，今天天气晴朗，我和孙儿送你到山上游游去。"父亲说："你伺候我都累得我不忍心了，还要背我去游玩，我不去了。"儿子还是领着孙儿把父亲背到一座高山顶上。然后领着他的儿子下山，往家走。快到山脚时，儿子问他父亲："爹爹，爷爷还在山上呀！多时去背他回家？"父亲说："爷爷已经年老无用了，应该送上山了，不再背他回来了。"他儿子听了感到惊奇，就说："爷爷没用了，那竹背箩还有用呢！等你老了，我还要用它来背爹上山去呢！"父亲一听，猛吃一惊，知道自己错了，就马上上山去背爷爷。可是他到了山顶时，老人家早已死去了。儿子只好抱起父亲尸体号啕大哭，越哭越感到后悔莫及，怎么办呢？只好把父亲尸体收殓埋了，在墓顶上栽了一小丛草，把竹背箩套在草上，表示让父亲在草荫下尽快安息。

后来，这个习俗一直流传到今天，在哀牢山区，凡是人死了，都要在墓顶上栽上一丛小草苗，套上一个竹背箩，表示丢掉这竹背箩，告诫后代不能再这样对待老人了。

第四章
墓志铭知多少

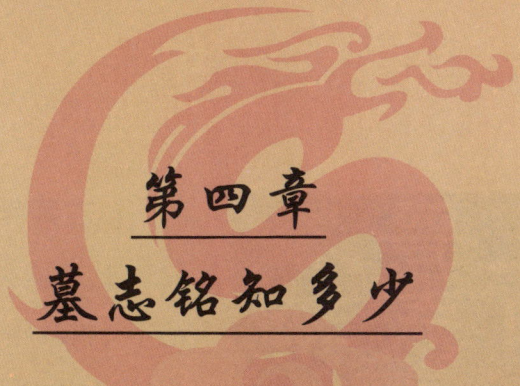

　　古代墓志种类繁多，风格多样，在各个时期有不同的特点。那些出类拔萃的经典，常常令人过目难忘。如北魏的《元简墓志》，此志志文楷书用笔峻健，方劲端严，遒丽婉秀，挺拔雄强，是北魏墓志书法的精品。关于墓志的经典作品数不胜数。

第一节　历代墓志

■ 晋代墓志

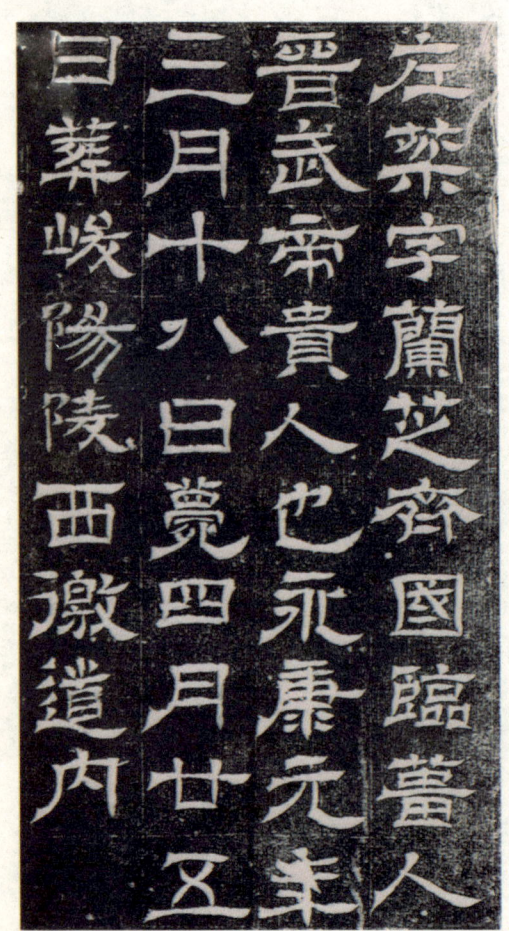

▲ 左棻墓志

1. 左棻墓志

《左棻墓志》刻于西晋永康元年（300年）四月，1930年出土于河南省偃师县西15里蔡庄村，曾归新安张钫、三原于右任收藏，现藏于陕西省博物馆。该志石甚小，系用砖表里刻字，志文为隶书，共4行，每行10字，总计39字。志石背面记左氏父兄及其兄子承祠贵人的姓名，共7行50字。墓主左棻系晋代著名文学家左思之妹，据《晋代·左贵嫔传》记载："棻少好学善缀文，名亚于思，武帝闻而纳之。"该志石保存完好，字口清晰，其字体结构仍承汉隶扁方形，但笔法略有变化，不同于汉隶藏头护尾的笔法，向楷书靠近了一步，属隶向楷过渡阶段。其书法雄健遒劲，上承汉魏下启六朝，晋志中文字佳刻，当推此石为第一。

2. 谢鲲墓志

《谢鲲墓志》全称《豫章内史谢鲲墓志》。谢鲲系东晋初年名士、《晋书》有传，其墓志刻于东晋泰宁元年（323年）十一月廿八日，1964年9月10日出土于江苏南京中华门外戚家山古残墓中，墓志石为长条形花岗岩，长60厘米，宽19.5厘米，厚11厘米，隶书，4行，每行17字，出土时残损4字。其所刻隶书已无汉隶风骨神韵和点画意态，也没有了汉碑那种浑穆遒美、雄强沉劲之气和朴实厚重、变化瑰丽之美，其态近于曹魏时代的隶书，呈现出书体过渡演变之态。

3. 王兴之夫妇墓志

《王兴之夫妇墓志》刻于晋成帝咸康七年（341年），1965年1月出土于江苏南京燕子矶人台山。墓志石为长方形，长37.3厘米，宽28.5厘米，厚1.1厘米，出土时完好无损，字口清晰。志石两面镌刻文字，字行之间画有细线方格，为竖10格、横13格，两面共刻203字，其中一面115字，一面88字，一面刻于王兴之入葬之时即晋成帝咸康七年（341年），一面刻于其妻合葬之时即晋穆帝永和四年（348年）。墓志所刻字体介于隶楷之间，形态趋于方正严整，少隶意，楷法初见端倪，与南朝《爨宝子碑》体态相近。墓志中仅记兴之的字和籍贯，而未书其姓，据考其为王彬之子，王彬《晋书》有传，其次兄王旷即王羲之之父。

北魏墓志

4. 元桢墓志

全称《南安王元桢墓志》，刻于北魏太和二十年（496年）八月二日，1926年出土于河南洛阳芒山东唐寺门，原为于右任鸳鸯七志斋所藏，后归陕西省博物馆，现存西安碑林第一墓志廊。该墓志是目前所发现北魏墓志中最早的一块，志石呈正方形，长宽各67厘米，志文正书17行，每行18字，书法劲健遒美，笔法峻逸婉畅，结构谨严缜密，点画坚实快利，雄强而秀雅，是北魏墓志书法之精品，是北魏体形成初期的代表作。元桢生平在司马光《资治通鉴》卷136有记载，他曾官使持节镇北大将军相州刺史南安王，北魏太和十三年（489年）被削夺官爵，禁锢终身，死于太和二十年（496年），其墓志的官职很简单，与《资治通鉴》所载不同，志石所载可纠正《资治通鉴》记载之误，有较高的历史价值。

5. 元简墓志

全称《太保齐郡王简墓志》，刻于北魏太和二十三年（499年）正月，1926年出土于河南洛阳城西北高沟，原为于右任鸳鸯七志斋所藏，1939年移存陕西省物馆，现藏西安碑林第二墓志廊。石为长方形，长73厘米，宽33厘米，右后段残缺，存字8行，满行18字，盖篆书10字。元简系北魏文成帝第四子，字叔亮，这与墓志所载"齐郡王简，字叔亮，高宗之叔子，皇帝之第四叔"之句相吻。此志志文楷书用笔峻健，方劲端严，遒丽婉秀，挺拔雄强，是北魏墓志书法的精品。

6. 穆亮墓志

全称《太尉领司州牧骠骑大将军顿丘郡开国公穆亮墓志》，刻于北魏景明三年（502年）六月二十九日，1925年与亮妻尉太妃墓志同时出土于河南洛阳城东北西山岭西南土冢内，初归于右任鸳鸯七志斋，1939年移存陕西省物馆，现存西安碑林第二墓志廊。志石为长方形，长 661 厘米，宽 59 厘米，志文正书 20 行，满行 22 字。墓主穆亮，魏志有传，北魏献文帝时曾官侍御中散，负责监造魏之宫殿，后封长乐王，拜尚书令、司空等职。该墓志书法与龙门魏造像之四品相同，俊美挺劲，为北魏墓志书法精品。

7. 元飏妻王氏墓志

全称《持节冠军将军左中郎将元飏妻王夫人墓志》，刻于北魏延昌二年（513年）十一月。志石长 46.5 厘米，宽 40.7 厘米，志行 17 字。该墓志在清宣统二年（1910年）时与《元飏墓志》一起出土于河南洛阳张羊村西北，民国年间被毗陵董氏售与日本人太仓喜八郎。该志书法用笔方圆兼备，秀润而挺拔，结体潇洒而富有风神，结构端庄秀正而宽阔，其笔法奔放而多变，横画均往右上微抬，撇画舒展飘逸，捺笔出峰有力而含蓄，钩画劲拔而清秀。全志书法呈现出一派妩媚馨远的潇洒风韵，是北魏墓志中书刻精妙清劲的代表作。

8. 刁遵墓志

全称《雒州刺史刁惠公墓志铭》，亦称《刁惠公墓志》，刻于北魏孝明帝熙平二年（517年）一月，清雍正年间（1723—1735年）出土于河北省南皮县一座废寺（一说山东广尧出土）。石高 76 厘米，宽 64 厘米。碑阳楷书 28 行，每行 33 字，右下角残缺。碑阴楷书 2 列，一列 14 行，一行 19 字，记其家族官职姓名。由于刁遵祖上曾仕东晋，地位颇为显要，其祖父刁畅为南朝刘宋刘裕所杀，其父刁雍逃至北方，为北魏所重用，故其家族人员对于东晋兴起的书法、新的书风似有所染，因此，此墓志的书风与北魏书风颇异，而与南朝书风极为相似。其笔画典雅秀美，起、收和转折，无北魏书法之极力顿挫，而以圆润出之。行笔自然，笔线圆融秀丽，无做作之气，方而圆，劲而柔，取势排宕，意态庄和，极具阳刚和阴柔之美。结构体态端和，风神爽朗，既有北朝之茂密，又有晋人之空灵异趣。此志将南朝书风与北魏书风之长融为一体，形成自己的特色，从而成为北魏墓志中最上乘者，备受推崇。清刘克纶跋此志书法"由晋以开唐"。清包世臣《艺舟双楫》对此志赞赏备至，谓其"有云鹤海鸥之态""最为茂密"。康有为《广艺舟双楫》称赞说："《刁遵》为虚和圆静之宗""如西湖之水，以秀美名寰中"。

9. 崔敬邕墓志

全称《魏故持节龙骧将军督营州诸军事营州刺史征房将军太中大夫临青男崔公之墓志铭》，刻于北魏熙平二年（517年）十一月，志文正书25行，每行29字，清康熙十八年（1679年）河北安平出土。此志书法结体与《张猛龙碑》相近，庄重肃穆，中宫宽松而不失严谨，体势方整，结构匀称，用笔方圆兼备，笔法灵动多变，笔势劲健，线条爽朗，意象奔放，精妙多姿，堪与《石门铭》相媲美，有些人甚至认为它"妙在《张猛龙》《贾使君》之上"。该墓志是北魏后期墓志中的杰出之作，故在康熙年间出土后即为鉴赏家所首肯，人们竞相争拓，乃至仅十几年石已裂尽，康熙三十年冬，安平知县陈宗石为保护该志，将石砌入乡贤祠壁，但未几即佚，现有5种拓本存世。

10. 元晖墓志

全称《魏故使持节侍中都督中外诸军事司空公领雍州刺史文宪公墓志铭》，刻于北魏神龟三年（520年）三月。志石长67厘米，宽

67.8厘米，志文正书31行，每行31字，1926年出土于河南洛阳陈凹村（一说1924年出土于河南洛阳北邙山），为三原于右任所得，先运至北京，1935年由杨虎城代携至西安，现藏西安碑林。志主元晖，字景袭，洛阳人，系北魏王室重要成员、魏昭帝六世孙，《魏书》《北史》有传。据资料记载，其为官极为贪婪，"聚敛无极""百姓患之"，被时人称为"饿虎将军"。而此志志文多为

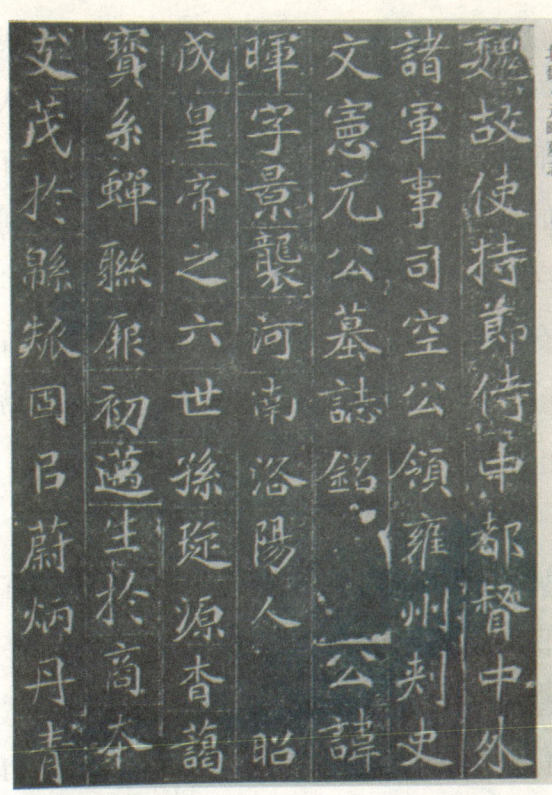

▲ 元晖墓志

谀美之辞，谓其性情沉敏，幼涉经史，长爱儒术，颇有文才，韬略过人等，故史料价值无多少可取之处。但从志文书法来看确为名家风范。其书法秀润娴雅，潇洒清逸，用笔精熟自然，刚柔相济，劲挺多姿，于端凝刚劲中见秀逸之气，其字结构和雅精丽，其布局行款齐整，迥异于北魏碑拙朴峻峭的风格。此志刻工精良，但遗憾的是其中左上方约有百余字笔画较粗，与其他字不太协调，可能是另一刻工所刻。此志书法已渐脱去魏体风貌，初开隋唐书风之先河，从中已可窥见隋《龙藏寺碑》和唐代褚遂良楷书风格之端倪，此志实堪称北魏碑志的精品。尤为值得一提的是该墓志的雕刻艺术。志石四侧面除减底阳刻自汉代以来普遍采用的青龙、白虎、朱雀、玄武四神之外，还刻有风神各异

的云纹。在青龙一面，云纹平静而舒展，与青龙矫健的姿态相应；在白虎的一面，云纹呈急速的反复旋涡状，仿佛虎在吼啸，致使四周气浪翻滚；在朱雀的一面，云纹滚动富有节奏和韵律，与凤鸟安闲宽和的神韵相映成辉；在玄武的一面，略刻数朵云彩，空隙处则另刻鹿形怪兽。志石四侧所刻的四幅图案，构图手法高超，雕刻精细优美，富有音乐感和动感，是西安碑林所藏志石中花纹图饰的最上乘者，由此也可看到，北魏碑刻不仅具有很高的书法艺术水平，其绘画雕刻艺术也达到了前所未有的水平。

11. 司马昞墓志

全称《魏故持节左将军平㑚刺史宜阳子司马使君墓志铭》，刻于北魏正光元年（520年）十月，清乾隆二十年（1755年）在河南孟县葛村与《司马绍墓志》《司马景和妻孟敬训墓志》《司马昇墓志》一起出土，合称"四司马墓志"。此志初归张大士，后为孟县县令周洵携去，志盖正书题刻"墓志铭"3字，旧存邑人李洵家，后归宝华庵，为长白端方所得，今已亡佚。原石拓本绝少，乾隆五十四年（1789年）冯敏昌曾翻刻嵌于孟县县学乡贤祠壁，今所传拓本，大多为冯氏翻刻本。此志书刻均甚为精美，《乾隆孟县志》对其评价极高。说："其文颇高简有法，而书迹尤超妙入神，盖魏晋以来书家所仅见者。观其空诸迹相、妙绝言思，得元常之幽深，有二王之潇洒，世将三表视此，犹当逊其逸致。尝叹前贤妙迹永绝，不图复睹此超轶绝尘之作，正乃所谓焕若神明顿还旧观者，当为传世魏碑第一。"这一评价虽有过誉之处，但观此志书法确为北魏碑志之上佳精品。与同时期的那种结构左倚右斜，风格粗犷、对比强烈、剽悍劲峭的典型北碑不同，其用笔刚柔相济，字体平开疏朗，书风温润婉雅，潇洒秀逸，呈现出一派端庄、抒情之美。

12. 常季繁墓志

全称《魏故齐郡王妃常氏墓志铭》，又称《元祐妃常季繁墓志》，刻于北魏正光四年（523年）二月，志石长62.7厘米，宽62厘米，志文正书26行，每行26字。此志清宣统二年（1910年）出土于河南洛阳高沟村，为董康所得，后被董康卖往日本，归日本太仓氏，1924年毁于日本大地震，残石今在日本。此志书法秀媚严整，温雅婉丽，清丽端凝，精整静穆，风神秀逸，其结体与《崔敬邕墓志》相似。赵万里《汉魏南北朝墓志集释》对此志给予很高的评价，说："常季繁志书法秀媚无二。"朱铸禹《小潜某堂题跋》谓其"书法娟秀非唐人小楷可以企及"。此志前半部分镌刻极精，无纤毫刀凿之痕，如睹墨迹，但从第15行起的后半部分，另易一人镌刻，刀法较为粗率，这一情况与《元晖墓志》颇为相似。这种一志两刻的做法，无疑使其书法艺术价值受到一定的影响。

13. 张黑女墓志

北魏《张黑女墓志》又称《张玄墓志》。原石不复存在，传世仅有一明拓剪裱孤本。是北魏晚期精美之作。楷体书写，运笔中侧互用，

▲ 张黑女墓志

藏露皆备，有刚柔相济的圆润之趣。点画不求工，但清爽之气扑面而来，静谧之美意会心中。

14. 崔猷墓志

此铭于北魏延昌元年（512年）刻立于山东淄博黄山北麓，高114厘米，宽69厘米。1983年在山东辛店出土，现珍藏于齐国故城遗址博物馆。字体为魏体楷书，字迹清晰俊逸，镌刻精细传神，是北魏灿烂多姿的碑铭中的一朵奇葩。

■ 隋代墓志

据查考，仅西安碑林即藏有隋代墓志120余种，现存世的隋代墓志共有200余种，如：《李和墓志》《姜敬亲墓志》《王静墓志》《杨居墓志》《寇奉叔墓志》《王成墓志》《元英暨夫人崔麝香合葬墓志》《桥绍墓志》《李敬族墓志》《赵兰姿墓志》《韩祐墓志》《郑仲华墓志》《洪州刺史张僧殷息潘庆墓志》《东宫右亲卫元仁宗墓志》《张景略墓志》《李则墓志》《云惠法师墓志》《谢岳暨妻关氏墓志》《燕孝礼墓志》《高虬墓志》《董美人墓志》《刘明暨妻梁氏墓志》《宋睦墓志》《张通妻陶贵墓志》《梁州刺史赵国独罗墓志》《王干墓志》《刘多墓志》《臧质墓志》《卢文构墓志》《淳于俭墓志》《口真暨妻王氏墓志》《巩宾暨妻陈氏墓志》《姜穆墓志》《龙山公墓志》《阳瑾墓志》《郭休墓志》《苏慈墓志》《张俭暨妻胡氏墓志》《王荣暨妻刘氏墓志》《马少敏墓志》《刘宝暨妻王氏墓志》《符盛暨妻胡氏墓志》《刘相暨妻邹氏墓志》《冯夫人李玉琦墓志》《王善来墓志》《鞠遵暨妻董氏墓志》《宫人朱氏墓志》《刘珍墓志》《张弘秤暨妻蔡阿妃墓志》《蔡夫人张贵男墓志》《李冲暨妻郭氏墓志》《张怦暨妻东门氏墓志》《君讳爽墓志》《刘渊墓志》《梁罗墓志》《张乔墓志》《任轨暨妻薛氏墓志》《苏顺暨妻蘧氏等墓志》《吴严暨妻睦氏墓志》《吕胡暨妻李氏墓志》《牛方大墓志》《开国男郭元和男府世昌墓志》《宫人典玺李氏墓志》《宫人元氏墓志》《刘猛进墓志》《宫人五品司仗冯氏墓志》《宫人典綵六品朱氏墓志》《宫人司乐刘氏墓志》《宫人五品司仗程氏墓志》《宫人司傅六品贾氏墓志》《参军事段摸墓志》《宫人司仗郭氏六品墓志》《斛斯枢墓志》《宫人司灯李氏墓志》《姚辩墓志》《田德元墓志》《姬威墓志》《马稺暨夫人张氏墓志》《元钟墓志》《张涛夫人礼氏墓志》《孟孝敏妻刘氏墓志》《宫人何氏六品墓志》《宫人陈氏七品墓志》《宫人韦氏墓志》《宫人沈氏墓志》《宫人萧氏墓志》《高紧墓志》《裴逸墓志》《陶丘简侯墓志》《麻君妻庞畏娘墓志》《富人陈氏墓志》《张业墓志》《张盈墓志》《宫人豆卢氏墓志》《真化道场尼那提墓志》《牛晖墓志》《宫人席氏墓志》《宫人元氏墓志》《宫人采女田氏墓志》《宫人司宝讳花树墓志》《马夫人称心墓志》《邓晒墓志》《侯宫人尚食墓志》《宫人唐氏墓志》《魏郡太寺正义大夫张轲墓志》《宫人樊氏三品墓志》《宫人鲍氏墓志》《宫人典乐姜氏墓志》《刘德墓志》《萧玚墓志》《陈常墓志》《王衮墓志》《白仵贵墓志》《明云腾墓志》《张寿墓志》《严元贵墓志》《伍道进墓志》《尉富娘墓志》《张凤举墓志》《张达墓志》《姚太暨妻袁氏墓志》《宫人魏氏墓志》《元智夫人姬氏墓志》《常丑奴暨妻宗氏墓志》《崔玉墓志》《王弘墓志》《宫人司饰丁氏墓志》《太仆卿元智墓志》《范安贵墓志》《萧讥墓志》《萧翘墓志》《宫人刘氏墓志》《宫人徐氏墓志》《宫人卜氏墓志》《张波墓志》《萧滨墓志》《张志相妻潘善利墓志》《曹海凝墓志》

《程谐暨妻石氏墓志》《口德墓志》《董夫人卫美墓志》《段济墓志》《李元暨妻邓氏墓志》《田行达墓志》《杨厉墓志》《王世探墓志》《宫人司言杨氏墓志》《冯忱妻叱李细子墓志》《张濬墓志》《宫人房氏墓志》《宋永贵墓志》《韦匡伯墓志》《宫人司计刘氏墓志》《王成墓志》《杜夫人郑善妃墓志》等。其中书法、镌刻、历史、文物价值较高的主要代表作有：

1. 董美人墓志

今称《蜀王美人董氏墓志铭》，亦称《美人董氏墓志铭》，刻于隋文帝开皇十七年（597年）十月。墓主董美人乃汴州恤宜人，是隋文帝第四子蜀王杨秀的侍妾，开皇十七年（597年）7月病殁，年19岁，其年十月十二日葬于长安郊外万年县龙首原，杨秀嗟悼其亡，自撰墓志文。墓志石长52厘米，宽52厘米，楷书21行，每行23字，字径约2.3厘米。清嘉庆末、道光初（1820年前后）出土于陕西兴平县。由上海陆剑庵、徐渭仁收藏，咸丰三年（1853年）被毁于兵燹。此志上承北魏旧体，下开唐朝新风，具有承前启后的作用，在用笔上，它明显地继承了北魏碑从隶书而来的特点，方圆结合，以方笔为主，风格峻整，方严肃括，方笔严峻厚实，圆笔秀媚挺拔，在转弯折角处，在横画处理上，也还保留着北碑外拓

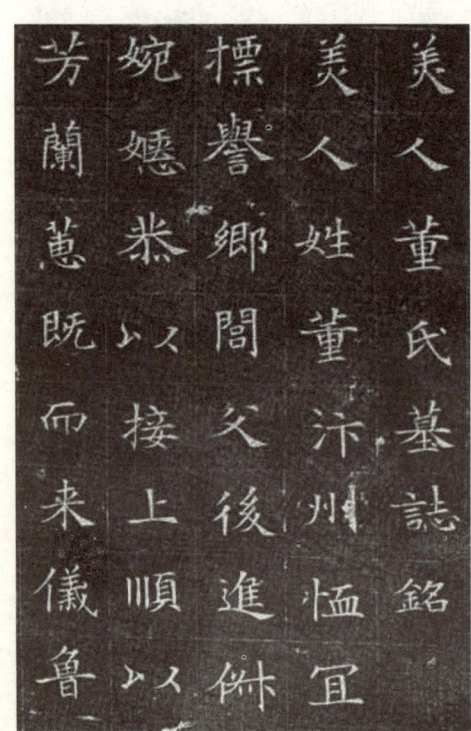

▲董美人墓志

折笔的痕迹，而在斜钩、横竖钩、长撇、钩趯等处又突出了楷法的腕力。在结体上，它外放而内收，撇捺和横画主笔开朗，字的内部结构以匀称的横细、竖粗紧紧收拢，松而不散，紧而不拙，笔画之间，打破了北碑魏密集绵紧的传统，而是疏密参差，错落有致，通过空间上的占位布置来达到结体上的和谐协调。在章法、布局上，它整齐疏朗，平正端庄，注重分间布白，知白守黑，疏密得当，揖让有致，以实显虚，以虚衬实，字间行间留空衡匀，纵列字距之间的空隔稍宽，行距较紧，颇有隶书章法的左右分张、联翩飞扬的魅人动感。《董美人墓志》端庄遒美，峻严挺拔，骨秀而不瘦，肌丰而不肥，是隋碑中骨秀肌丰的精品，是唐楷成熟的先导。书法界曾有"隋楷至《董美人墓志》而大备"之说，细观《董美人墓志》，可以感到，此处虽略有过誉之处，但还是颇有见地的。

2. 苏慈墓志

全称《大隋使持节大将军工兵二部尚书司农大府卿太子左右卫率右庶子洪吉江虔饶袁抚七州诸军事洪州总管安平安公故苏使君之墓志铭》。刻于隋文帝仁寿三年（603年）三月。墓主苏慈，字孝慈，扶风人，仁寿元年（601年）卒，时年64岁。仁寿三年（603年）三月七日葬于同州莲梦县崇德乡乐邑里，谥曰定公，此志即是葬时所刻。清光绪十四年（1888年）出土于陕西蒲城，志石长83.32厘米，宽83.2厘米，志文楷书37行，每行37字。《苏慈墓志》是隋代最著名的碑刻之一，是唐代欧派楷法的先驱。如将欧体与之相较而看，可以发现，欧体无论在笔势上、笔法上，还是在结体、气韵等方面，都与《苏慈墓志》很接近，其中有不少字甚至神形皆似，如出一辙，这说明欧体与《苏慈墓志》有密切的"血缘"关系，《苏慈墓志》乃欧体重要渊源之一。

《苏慈墓志》书法极工，结字严谨，用笔犀利，笔势洞达，峻严方饰，端整妍美，匀正挺劲，俊秀雅静，风姿卓然。在光绪十三年一出土即获盛名，备受宝重，士民竞相争购拓本和摹本，以至一时洛阳纸贵。清康有为《广艺舟双楫》将其列为"能品下"，清毛之凤《关于金石文字存逸考》给其评价极高，谓其"楷法精健绝伦，实为佳刻。盖隋人楷法，集魏齐之大成，开欧、虞之先路，其沉着痛快处，有唐人所不能到者"。

3. 李和墓志

全称《大隋使持节上柱国德广郡开国公李史君之墓志铭》，亦称《上柱国德广肃公李和墓志》，志盖篆书阳文"大业上柱国德广肃公李史君之墓志铭"16字，刻于开皇二年（582年）十二月，1964年十月出土于陕西省三原县城东北陵前乡双盛村，现藏西安碑林。志石呈正方形，长、宽各68厘米，志文33行，每行34字，计1100余字。其书体为略带隶意之楷书，书法峭劲俊秀，用笔以方为主，略施圆笔，坚劲润泽，威峻蕴藉，英姿奇秀，其书法虽不及《董美人墓志》和《苏慈墓志》精美，但亦是隋志中的佳作。志主李和四世均为北朝重臣，他和儿子李彻均在《北周书》中有传，尤其是他本人由北周而入隋，隋文帝时爵至上柱国，故其墓志虽未署书者，但必定出自当时名家之手。同时，此志也是镌刻的佳作。其志盖四周雕刻的花草和志石四周侧面雕刻的山川、群兽和龙纹，都极为精致优美，是隋代墓志镌刻之精品。

4. 马稺墓志

全称《大隋故荡边将军信州典签马君墓志铭》，刻于隋开皇二十年（600年），出土于河南洛阳。志石呈正方形，长宽均为44厘米，志盖为覆斗形，中间篆书阳文"故荡边将军马君墓志"9字，志石左侧刻有"天帝告冢中王气五方诸神赵子都等马先生善人"20字。志文隶书25行，每行25字，其书隶法工妙谨严，庄严老劲，用笔圆匀，柔中有刚，遒劲稳实，方折端严，一丝不苟，蚕头燕尾规整，波磔舒展，笔法生动，章法布局精紧整饰，法度严密，刻工端细，气象庄肃，颇具汉隶之风采神韵，是隋代为数不多的隶书刻石的杰出代表作。此志不仅具有较高的书法艺术价值，而且其志盖四边角所刻八卦形纹饰，志石斜边四侧所刻天干地支之名、乾天、坤地、巽凤、艮山等字，圹盖侧四边下中刻十二生肖兽名字，是隋代以前志盖饰文所少见的，与南北朝时多用四神、镇墓兽等厌胜花纹做墓志纹饰迥然不同，对研究隋代民间信仰、风俗是有价值的实物资料。

5. 姚辩墓志

全称《隋故左屯卫大将军左光禄大夫姚公墓志铭并序》。志主姚辩，字恩辩，武威人，一生精于边事，屡立大功，官至左屯卫大将军左光禄大夫，卒于隋大业七年（611年）三月，葬于当年十月二十一日，该墓志即葬时所刻。由隋末唐初著名学者、唐初四大家之一虞世南之兄、与虞世南同样文名隆高一代的虞世基撰文；由隋末唐初著名大书法家、被列为唐初"欧、虞、褚、薛"四大家之首的欧阳询书写。此志虽系欧阳询早期作品，尚不及其入唐后所书《九成宫醴泉铭》《化度寺塔铭》《温彦博碑》等名碑笔力遒劲、老练洞达，但从中已显现出其严劲缜密、峻拔沉雄、神气深稳的书风。此志镌刻极为精巧，系出自隋末唐初著名刻工、后来曾刻褚遂良《慈恩寺圣教序》的万文韶之手。此志因其所记姚辩的生平事迹可补《隋史》无姚辩传之缺，故对研究隋史具有一定的参考价值；因此志文、书、刻都出自一代名家之手，三者均为精善之作，故也被一些人誉称为隋代的"三绝碑"，具有较高的文学、书法、镌刻艺术价值，为隋一代名品。

6. 元智墓志

全称《大隋故朝清大夫夷陵太守太仆卿元公之墓志铭》。志主元智，河南洛阳人，卒于大业九年（613年），年64岁，大业十一年（615年）与其妻姬氏合葬于陕西大兴县，清嘉庆二十年（1815年）与其妻墓志同时出土于陕西咸宁。嘉庆二十三年由武进陆耀遹载归江左，咸丰十年（1860）毁于兵燹，存残石二，同治六年（1867年）秋由陆之孙陆彦甫觅得残石，后由恽毓嘉以重金购得，现藏北京故宫博物院。两段残石仅存27行，每行20字至25字不等，正书，其字多为六朝别体。其书法上承六朝北魏碑刻之峭拔遒劲，下开初唐之规整秀朗，系隋代书法之精品。故自其出土以来，深受书家好评。陆耀遹《金石续编》赞誉其"文字雅驯，书法严杰，北宗也。而结体一洗南北纤俗之习"。认为其已开唐初欧、虞之书的"先导"。瞿中溶的《古泉山馆金石文编残稿》称颂其"书法劲秀，刻画峻拔，乃石刻中之妙品"。工于诗词、精于书法、金石考据的清嘉庆解元张廷济，在其所撰《清仪阁金石题识》中对其更是推崇备至，称其为"文词典则，书格精整，古志石中绝无仅有之作"。清嘉庆、道光间的书法大家包世臣甚至干脆在《艺舟双楫》中将其断为欧阳询所书，尽管此说属无稽穿凿，但由此也从一个侧面反映出《元智墓志》书法艺术之高和被世人之看重。

■ 唐代墓志

1. 李寿墓志

此墓志形制独特，它是由龟头、龟身、龟尾、四足趴伏于长方形座上的龟形墓志。龟的背甲为墓志盖，上刻篆书"大唐故司空公上柱

▲ 李寿龟形墓志

图淮安靖王墓志铭"十八字。龟身为用楷书写成的李寿墓志铭。李寿（577—630年）为唐高祖李渊的堂弟，官高爵显，备极尊贵，志文内容为对死者赞美与颂扬。楷体志文已完全从魏碑体楷书演化为大唐体楷书，庄重俊逸，遒秀大方，独创风姿，别具神韵。龟形墓志罕见，曾有一台早已流落国外，国内仅存此一台，极为珍贵，1996年被评为国宝级文物。

2. 唐太宗行书《晋祠之铭》

李渊、李世民（578—649年）父子起兵伐隋时曾去晋祠祭祷唐叔虞神，后李氏父子统一天下，为报答唐叔虞的神恩，唐太宗李世民于贞观十九年（645年）特亲临太原晋祠，祷祝唐叔虞神，并撰书了这篇《晋祠之铭》。此碑至今仍屹立在晋祠贞观宝翰亭内。碑铭计24行，总计1203字，可谓鸿篇巨作。这是唐太宗诸多碑铭书帖中写得极为得心应手的一件名作。纵览铭文书法，骨格清奇，姿态挺秀，意趣洒落，神气浑沦，所以千余年来，一直为书法行家深赞。由于当时唐太宗心情欢快奔放，他一改过去凡祀庙之碑总以端庄肃穆的楷书进行书写的惯例，而满怀激情在《晋祠之铭》中以行书入于碑铭，从而开拓了历史上以行体书碑的风气之先河。

■ 近代墓志

近代较为有名的墓志当属萧蜕篆书的《常熟瞿君之墓志铭》。

萧蜕（1875—1958年），精通书法，有"江南第一书家"的美称。他书法各体皆精，尤其擅长篆书。他书写的《常熟瞿君之墓志铭》8个字，精密紧凑，体态优美，洒脱大度，整个达到篆体书写碑铭之作的新的尽善尽美的高度。

另外，于右任书写的墓志铭也较为有名。

于右任（1879—1964年），陕西三原人，祖籍泾阳。原名伯循，字诱人，尔后以"诱人"谐音"右任"为名；别署"骚心""髯翁"，晚年自号"太平老人"。于右任不仅是一位民主革命的先驱者，同时也是一位著名的爱国诗人和清末以来杰出的书法家。于右任的书法自在老辣，纵横自如，这从他书写的《刘允丞墓志》《张清和墓志》《邹君墓志》可见一斑。

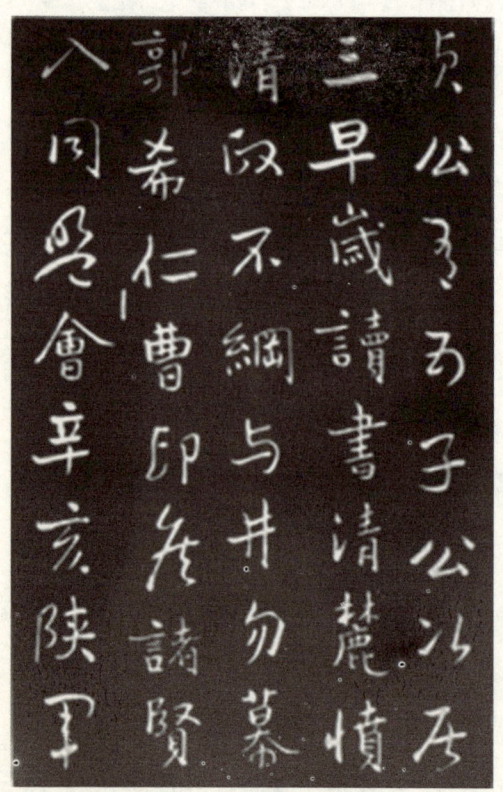

▲ 于右任行书《刘允丞墓志》

1962年1月24日，于右任作《望大陆》一诗："葬我于高山上兮，望我大陆。大陆不可见兮，只有痛哭。葬我于高山之上兮，望我故乡。故乡不可见兮，永远不望（忘）。天苍苍，野茫茫，山之上，国有殇。"其乡思之苦，溢于言表，成为千古绝唱，更成为他的遗嘱。

知识链接

谢安无字碑

继汉武帝《泰山玉皇顶无字碑》之后，在东晋时也有一块著名的"无字碑"，那就是东晋一代名臣谢安的墓碑。

谢安字安石，生于晋元帝大兴三年（320年），卒于晋孝武帝太元十年（385年），陈郡阳夏（今河南太康）人，出身仕族。流寓江东，因有其兄弟在朝位居高官，故他乐得享受余荫，青年和中年时代高卧东山（今浙江上虞县境内），过着舒适安逸的隐居生活。但在他四十岁后，其兄弟或死或贬，为使谢家不致中衰，他出山入仕，孝武帝时官至宰相。当时，前秦力量强盛，先后攻破梁、益、樊、邓等地（今陕南、四川、鄂西北），他派弟弟谢石和侄子谢玄为将领，加强防御。太元八年（383年），前秦苻坚亲率八十多万大军南下伐晋，江东大震。面对比自己强大十多倍的强敌，谢安沉着镇定，他派弟弟谢石为大都督，侄子谢玄为前锋，率师八万迎战。通过夜袭洛涧和计渡淝水，东晋军队重创前秦军，大败苻坚的八十多万大军，获得淝水之战的重大胜利，创造了我国历史上最著名的以少胜多的光辉战例。继而，他又乘胜挥师北伐，收复了洛阳及徐、兖、青、司、豫、梁六州，立下了卓著的功勋，官拜太傅。太元十年（385年），会稽王司马道子执政，谢氏为其所忌，谢安遭到排斥，出镇广陵（今江苏扬州），不久还京病死。据史籍记载，在谢安安葬的时候，墓前所竖立的是一块无字碑。那么，为什么谢安的碑上空无一字呢？对此，历史上说法不一。一种说法是说谢安死后，有人认为，谢安主持淝水之战，击败了骄横跋扈不可一世的苻坚，稳定住了摇摇欲坠的东晋半壁江山，功比天高，不是用一般文字所能表达的。这样一来，当时就没有人敢去、也没有人愿意去为他撰写碑文了，结果，只得让石碑"不着一字，尽得风流"。清代梁绍壬即持这种观点，他在《两般秋雨盦随笔》中云："谢太傅墓碑无字，伟绩丰功不胜记也。"另一种说法是说谢安病危时，众人问他请谁撰写碑文，他不语，众人提到当时著名的文学家陶渊明和大书法家王献之时，他都摇头，表示不中意，以至直到他死时也没有确定请谁来写碑文，故而最后就只得立了一块无字碑。其实根据对当时的历史背景分析，上述这两种说法都不一定恰当，谢安的墓前之所以立了一块不着一字的无字碑，恐怕主要还是要从政治上来找原因。因为当时司马道子执掌国家大权，以皇族执政，非皇族的谢安功高位重，受到司马氏的强烈嫉妒和排斥。在这种情况下为他写碑文，如果歌颂赞扬他的丰功伟绩，必遭司马氏之忌恨，难免受到连累，乃至会遭到不测之祸；而如果昧着良心说话，不颂扬他的丰功伟绩，乃至贬斥他，则有悖于历史事实，也愧对谢安在天之灵。正因为褒既难，贬又不该，故就无人肯去做这样的两难文章，于是乎，就只得"不着一字"，立一块空碑了事了。

祭母文

毛泽东

呜呼吾母，遽然而死。寿五十三，生有七子。
七子余三，即东民覃。其他不育，二女二男。
育吾兄弟，艰辛备历。摧折作磨，因此遘疾。
中间万万，皆伤心史。不忍卒书，待徐温吐。
今则欲言，只有两端：一则盛德，一则恨偏。
吾母高风，首推博爱。远近亲疏，一皆覆载。
恺恻慈祥，感动庶汇。爱力所及，原本真诚。
不作诳言，不存欺心。整饬成性，一丝不诡。
手泽所经，皆有条理。头脑精密，劈理分情。
事无遗算，物无遁形。洁净之风，传遍戚里。
不染一尘，身心表里。五德荦荦，乃其大端。
合其人格，如在上焉。恨偏所在，三纲之末。
有志未伸，有求不获。精神痛苦，以此为卓。
天乎人欤，倾地一角。次则儿辈，育之成行。
如果未熟，介在青黄。病时揽手，酸心结肠。
但呼儿辈，各务为良。又次所怀，好亲至爱。
或属素恩，或多劳瘁。大小亲疏，均待报赉。
总兹所述，盛德所辉。以秉悃忱，则效不违。
致于所恨，必补遗缺。念兹在兹，此心不越。
养育深恩，春晖朝霭。报之何时？精禽大海。
呜呼吾母！母终未死。躯壳虽骧，灵则万古。
有生一日，皆报恩时。有生一日，皆伴亲时。
今也言长，时则苦短。惟挈大端，置其粗浅。
此时家奠，尽此一觞。后有言陈，与日俱长。

尚飨！

第二节　历代名人墓志铭

■ 庾信·周大将军闻喜公柳霞墓志铭

君讳霞，字子升，河东解县人也。秦始征晋之地，汉开平越之乡，律中夷则，星居鹑首。况复庄谋于卫，既为社稷之臣；喜对于齐，无废诸侯之职。祖叔珍，宋员外散骑常侍、义阳内史。有徐邈之应对，居于散骑之省；有汲黯之正直，理于淮阳之郡。父季远，临川王谘议参军、宜都太守。兰台石室，是以洽闻；白马飞狐，逾高词气。西都吴融，擅名江表，言谈相会，宛如旧焉。

君膺令德之灵，禀冲天之气，韶龀髫发，凤智早成。爱敬自天，虔恭得性，含仁抱义，履信居贞。世父仪同忠惠公特加器异，乃谓公曰："吾昔逮事伯父太尉公，见语云：'我昨梦汝登一高楼，楼尽峻丽。吾以坐席乞汝。汝或富贵，恨吾不及见耳。'吾向聊复昼寝，又梦将昔时坐席还复赐汝，汝官位当复见及。"王祥佩刀，世为卿族；鲍永骢马，家传司隶。以此连类，差无惭德。

轻车西昌侯作藩襄汉，君时年十二，以民礼修谒，进止端详，神情雅正，侯目送之不辍。试遣左右践君衣裾，欲视举动。君徐步稍前，曾无顾盼。魏侯之见刘廙，不觉敛容；汉主之观田凤，遂令题柱。比之今日，曾何足云！骠骑、庐陵王帝子出藩，悬衡高选，以君华望，召为主簿。张坦直谏，既称荀令之香；邹湛知言，弥见羊公之德。

谘议府君于都薨背，君奔赴，六日即届京师，形骸毁瘁，不复可识，灵柩溯江，中川薄晚，乱流乘迭，回风反帆，舟中之人，相视失色。抱棺号恸，誓不求生。俄尔之间，风波即静。咸以君精诚所致。成都孝子，自赴江流，桂阳先贤，身彰野火，并存灵柩，咸可伤嗟。太夫人乳间发疮，医云："惟得人吮脓血，或望可差。"君方寸已乱，应声即吮。旬日之间，遂得痊复。君之事亲，可谓至矣。

从兄右卫，拥旄岭表，苦相携致。昔马游志气，为马援所知；班嗣才学，为班彪见赏。复闻于今日矣。乃除永化县令。静寻欹案，或吟长岑之远；乍抚鸣琴，不以河阳为陋。日南金柱，合浦珠泉，莫肯经怀，未常留目。解巾平西邵陵王法曹参军，仍转尚书工部侍郎。始入礼闱，既登兰阁。尚书仆射陈郡谢举，人望国华，引君言论。谓同坐曰："江汉英灵，见于此矣。"西中郎岳阳王以绿车之重，临西河之牧，敕用君为本州治中，寻迁别驾。王叔理以品物流名，陈仲举以题轩驰誉，君之展骥，兼而有之。

及乎大盗移国，王室骚然，月动星摇，云平虹直。岳阳王承制陕左，当壁汉南，天纲所顿，英贤毕集。授君吏部员外郎、散骑常侍、兼太子侍讲。监储甲观，事重史丹，侍讲桂宫，名高张禹。俄迁车骑大将军、侍中、开府仪同三司，余如故。方之骖乘，霍去病为侍中；譬彼将兵，公孙敖为骠骑。足以照曜六府，谟明九德，岂直允谐上将，匡赞中军而已哉？

既而言从梁国，服政鄂都。管仲有辞，即受下卿之礼；臧孙见德，还奉嘉宾之宴。有诏授使持节、骠骑大将军、开府仪同三司、霍州诸军事、霍州刺史。犀节去关，袞衣驰传，迎郊则文学前驱，宾卫则邦君负弩。

直以五溪辽远，马伏波之思归；三湘卑湿，贾长沙之不愿。是以宜城刺史，直会鹿门；白沙故地，仍留龙种。夭厉弗戒，奄然终极。天和某年，归窆于襄阳白沙之旧茔。

君器宇详正，风鉴弘敏，澡身浴德，游艺依仁，汝南令望，抚风长者。不言财利，王夷甫之为德；不谈人物，阮嗣宗之为人。从容乱离之机，保此令德；舒卷风云之际，无妨贵仕。张衡浑仪之后，即赋《归田》，杜预沉碑已来，遂停乡里。王仲宣有读书之楼，诸葛亮有弹琴之宅，实欲因此谢病，闲居终焉。鸣琴在膝，或对故人；宝剑自随，时过雉子。百年俄顷，呜呼哀哉！遂使君子之陵，止埋铜剑，贤臣之墓，唯铭石函。

铭文曰：

有庄有惠，居鲁居卫。义是随时，才堪济世。北部尚书，东京司隶。必复其始，侯君相继。华盖一岳，文昌一星。青衿辩志，童子离经。义勖非马，书勤映萤。往年灵柩，漂泊江沱。以君哀恸，川后停波。扬名北海，驰誉西河。谁登九折，不入朝歌？蔚炳胥变，攀陪遂远。白鹿随轩，丹晕附冕。位参上将，荣兼本选。蛇盘绶结，龟回印转。来朝平乐，归政咸阳。蕃维即启，军幕仍张。起兹礼数，峻此戎章。长离宛宛，刷羽陵江。世急奔流，年催惊隼。灭没顿辔，扶桑摇轸。智士石折，贤人星殒。西鄂芝枯，南阳菊尽。怆焉启手，生荣终极。相杵辍舂，鸣机罢织。茕茕胤子，视阴余息。霜露履之，哀哉栾棘。龙巢北望，凤阙前观。松长风远，地厚泉寒。书埋简落，琴覆弦宽。赠行之册，书而纳棺。

【解析】

庾信（513—581 年），字子山，小字兰成。南阳新野（今河南新野）人，南北朝时期文学家、诗人。其父亲庾肩吾为南梁中书令，也是当时著名的文学家。

庾信先后出仕两位君主，42岁前居于南朝梁，后来由于出使西魏，就留在了西魏做官。之后又侍奉了两朝五帝，直至去世，总共28年。出仕南朝时，庾信只是个文学侍从之臣，经历侯景之乱，饱受了国破家亡和战乱之苦。仕北后，虽然有时思念家乡，但生活相对平静，他在政治和文学

▲ 庾信

两方面都取得了在南朝无法取得的成就。也就是这一段仕北时期，常为后人诟病。晚唐诗人崔涂在《读庾信集》诗中有"四朝十帝尽风流，建业长安两醉游"之句，极具讽刺。全祖望在《题〈哀江南赋〉后》开篇即言"甚矣！庾信之无耻也"。

在这篇墓志铭中，墓主柳霞与庾信经历相同，都是先仕梁后仕周。在说侯景之乱时，庾信用"大盗移国，王室骚然。月动星摇，云平虹直"来描述，可见其痛心彻腑。与之相比，在谈到柳霞仕周时，庾信在志文部分用"既而言从梁国，服政鄠都"来叙述，仅十个字就将改朝换代的大事件一笔带过，显然是在有意回避这一问题。但梁朝毕竟是自己的母邦，在铭文部分，庾信借用典故来谈及这一敏感问题："谁登九折，不入朝歌？""谁登九折"，此典故源于西汉之王阳，王阳奉其先人遗体，不登九折坂，以其险也。"不入朝歌"，此典故出自墨子，

墨子主张非乐，即便邑号为朝歌，墨子也会回车不入。借用这两个典故，表面是在说柳霞，实际暗指自己。庾信为官于北方，虽然身居显贵，受到皇帝的礼遇，被尊为文坛宗师，但是又深深思念故土，为自己身仕敌国而感到羞愧，内心矛盾自责。"不入朝歌"，实际是在批评梁统治者的荒淫无道，将其与亡商之纣相比，这蕴含了庾信的政治反思。

■ 韩愈·试大理评事王君墓志铭

君讳适，姓王氏。好读书，怀奇负气，不肯随人后举选，见功业有道路可指取，而名节可以戾契致。困于无资地，不能自出，乃以干诸公贵人，借助声势。诸公贵人既志得，皆乐熟软媚耳目者，不喜闻生语，一见，辄戒门以绝。上初即位，以四科募天下士，君笑曰："此非吾时耶？"即提所作书，缘道歌吟，趋直言试。既至，对语惊人，不中第，益困。

久之，闻金吾李将军年少喜士，可撼，乃踏门告曰："天下奇男子王适，愿见将军白事。"一见，语合意，往来门下。卢从史既节度昭义军，张甚，奴视法度士，欲闻无顾忌大语。有以君生平告者，即遣客钩致。君曰："狂子不足以共事。"立谢客。李将军由是待益厚，奏为其卫胄曹参军，充引驾仗判官，尽用其言。将军迁帅凤翔，君随往，改试大理评事，摄监察御史、观察判官。柽垢爬痒，民获苏醒。

居岁余，如有所不乐，一旦载妻子人阌乡南山不顾。中书合人王涯、独孤郁、吏部郎中张惟素、比部郎中韩愈，日发书问讯。顾不可强起，不即荐。明年九月，疾病，舆医京师。某月某日卒，年四十四。十一月某日，即葬京城西南长安县界中。曾祖爽，洪州武宁令；祖微，右卫骑曹参军；父嵩，苏州昆山丞。妻上谷侯氏处士高女。

高固奇士，自方阿衡、太师。世莫能用吾言，再试吏，再怒去，发狂，投江水。初，处士将嫁其女，惩曰："吾以龃龉穷瘁，一女，怜之，必嫁官人，不以与凡子。"君曰："吾求妇氏久矣，唯此翁可人意；且闻其女贤，不可以失。"即谩谓媒妪："吾明经及第，且选，即官人。侯翁女幸嫁，若能令翁许我，请进百金为妪谢。"诺许，白翁。翁曰："诚官人耶？取文书来。"君计穷，吐实。妪曰："无苦，翁大人，不疑人欺。我得一卷书，粗若告身者，我袖以往，翁见未必取视，幸而听我。"行其谋。翁望见文书衔袖，果信不疑，曰："足矣。"以女与王氏。生三子：一男二女。男三岁夭死。长女嫁亳州永城尉姚挺，其季始十岁。

铭曰：

鼎也不可以柱车，马也不可使守闾。佩玉长裾，不利走趋。只系其逢，不系巧愚。不谐其须，有衔不祛。钻石埋辞，以列幽墟。

【解析】

韩愈（768—824年），字退之，河南河阳（今河南省孟州市）人，汉族。唐代杰出的文学家、思想家、哲学家，政治家。唐宋八大家之首，与柳宗元并称"韩柳"，有"文章巨公"和"百代文宗"之名。著有《韩昌黎集》等。

本篇墓志铭写于元和九年

▲ 韩愈

(814年），韩愈当时已经47岁，已逾不惑。韩愈少小好奇，已过不惑，还能以奇文写奇人。这篇墓铭，王安石称为"尤奇"，奇绝处不仅在韩愈以传奇体写墓铭，文中所写两奇人尤为让人称奇。通篇墓铭，起于"奇"，结于"奇"，精心结撰处在一"奇"字。反观韩愈，也是一奇人，唯奇人才写得出奇文。

墓主是一位"怀奇负气"，落拓不遇，终在默然中死去的小人物。此篇墓志文的写法，突破了往常碑志的某些格套，庄严中带着些许诙谐，笔触生动，以生活中的细微之处表现墓主的性格特征。故此文被王安石称为韩愈墓志铭中的"奇文"。

文中叙述王适"不肯随人后举选"，在诸公贵人面前爱作"生语"，在应试时语出惊人；与人交往，合得来则"往来门下"，合不来则头也不回的离去；立志节，曾拒绝了卢从史的邀请；立功业，能"栉垢爬痒，民获苏醒"。这些都表现了他"奇男子"的特点。然而，"骗婚"一段文字最能彰显其奇谲者。这段文字极富生活情趣，不但将王适写活了，也写活了媒婆和侯处士。读后着实让人忍俊不禁。艺术上足与某些唐人传奇媲美。

何焯分析此文说："王适之才必有过人者，如柏耆（唐元和时'奇士'）之属，而以不拘小节，大冠若箕者，遂失之于牝牡骊黄之外，故即琐事摹画其生平大概如此"（《义门读书记》）。此外，作者以琐事描人物还在于吸取了史传文的长处。史传、碑志本就相通，既强调真实性，又注重艺术描写。黄宗羲说史传文"叙事须有风韵，不可担（呆）板。今人见此遂以为小说家伎俩。不观《晋书》、《南、北史》列传，每写一二无关系之事，使其人精神生动，此颊上三毫也"（《论文管见》）。本篇墓志铭就具有此特点，看似"无关系之事"却极能表现传主的性格。

整个"骗婚"故事不用多说,其中略叙侯高的"奇士"行状,却对王适的"怀奇负气"有意无意起到了一种映衬作用。

■ 韩愈·柳子厚墓志铭

子厚讳宗元。七世祖庆,为拓跋魏侍中,封济阴公。曾伯祖奭,为唐宰相,与褚遂良、韩瑗,俱得罪武后,死高宗朝。皇考讳镇,以事母弃太常博士,求为县令江南。其后以不能媚权贵,失御史。权贵人死,乃复拜侍御史。号为刚直,所与游,皆当世名人。

子厚少精敏,无不通达。逮其父时,虽少年,已自成人。能取进士第,崭然见头角,众谓柳氏有子矣。其后以博学宏词,授集贤殿正字。俊杰廉悍,议论证据今古,出入经史百子,踔厉风发,率常屈其座人,名声大振,一时皆慕与之交。诸公要人,争欲令出我门下,交口荐誉之。

贞元十九年,由蓝田尉拜监察御史。顺宗即位,拜礼部员外郎。遇用事者得罪,例出为刺史,未至,又例贬州司马。居闲,益自刻苦,务记览,为词章。泛滥停蓄,为深博无涯涘,而自肆于山水间。

元和中,尝例召至京师,又偕出为刺史,而子厚得柳州。既至,叹曰:"是岂不足为政邪?"因其土俗,为设教禁,州人顺赖。其俗以男女质钱,约不时赎,子本相侔,则没为奴婢。子厚与设方计,悉令赎归。其尤贫力不能者,令书其佣,足相当,则使归其质。观察使下其法于他州,比一岁,免而归者且千人。衡湘以南,为进士者,皆以子厚为师。其经承子厚口讲指画为文词者,悉有法度可观。

其召至京师而复为刺史也,中山刘梦得禹锡亦在遣中,当诣播州。子厚泣曰:"播州,非人所居,而梦得亲在堂,吾不忍梦得之穷,无辞以白其大人，且万无母子俱往理。"请于朝，将拜疏，愿以柳易播，虽重得罪，死不恨。遇有以梦得事白上者，梦得于是改刺连州。呜呼！士穷乃见节义。今夫平居里巷相慕悦，酒食游戏相征逐，诩诩强笑语以相取下，握手出肺肝肉示，指天日涕泣，誓生死不相背负，真若可信。一旦临小利害，仅如毛发比，反眼若不相识，落陷阱，不一引手救，反挤之又下石焉者，皆是也。此宜禽兽夷狄所不忍为，而其人自视以为得计，闻子厚之风，亦可以少愧矣。

子厚前时少年，勇于为人，不自贵重顾藉，谓功业可立就，故坐废退。既退，又无相知有气力得位者推挽，故卒死于穷裔。材不为世用，道不行于时也。使子厚在台省时，自持其身，已能如司马刺史时，亦自不斥。斥时有人力能举之，且必复用不穷。然子厚斥不久，穷不极，虽有出于人，其文学辞章，必不能自力以致必传于后如今，无疑也。虽使子厚得所愿，为将相于一时，以彼易此，孰得孰失，必有能辨之者。

子厚以元和十四年十一月八日卒，年四十七。以十五年七月十日，归葬万年先人墓侧。子厚有子男二人：长曰周六，始四岁；季曰周七，予厚卒，乃生。女子二人，皆幼。其得归葬也，费皆出观察使河东裴君行立。行立有节概，重然诺，与子厚结交，子厚亦为之尽，竟赖其力。葬子厚于万年之墓者，舅弟卢遵。遵，涿人，性谨慎，学问不厌，自子厚之斥，遵从而家焉，逮其死不去。既往葬子厚，又将经纪其家，庶几有始终者。

铭曰：

是惟子厚之室，既固既安，以利其嗣人。

【赏析1】

韩柳并称，同为唐代古文运动中桴鼓相应的领袖。韩柳交谊可称世交，韩愈的哥哥韩会与柳宗元的父亲柳镇已有交往，而韩愈、柳宗元两人订交则在贞元末年两人同任监察御史时。韩愈有诗称："同官尽才俊，偏善柳与刘。"所指正是两人同官之时。而"刘"则是两人共同的朋友刘禹锡。其后诗文往还，私交甚深，友情笃厚。柳宗元小韩愈五岁，却先韩愈六年去世。柳宗元去世后，韩愈写了很多悼念文字，这篇墓志铭就是其中有代表性的一篇。文章首先介绍柳宗元的家世、生平、交友，然后将主要笔墨放在介绍柳宗元治柳政绩和文学风义上，并赞扬柳宗元勇于为人，急朋友之难的美德和刻苦自励的精神，对他长期贬谪的命运表示深切的同情。不过对于柳宗元早年参加王叔文集团的经历却措辞隐约，可以看出二人政治见解的不同。整篇文章写得酣畅淋漓，盘郁顿挫，为至性至情之所发。

【赏析2】

韩愈写过不少哀悼和纪念文字，这是其中较有代表性的一篇。此文是韩愈于元和十五年（820年），在袁州任刺史时所作。韩愈和柳宗元同是唐代古文运动中桴鼓相应的领袖，私交甚深，友情笃厚。

柳宗元（773—819年），字子厚，河东解县（今山西运城县西南）人，世称柳河东，是唐朝著名的文学家和哲学家。他聪敏有才华，有政治抱负，唐顺宗时，参加了以王叔文为首的政治革新集团。革新失败后，先后被贬为永州（今湖南零陵）司马，柳州（在今广西境内）刺史，故又称柳柳州。柳宗元死的当年，韩愈任袁州（今江西宜春县）刺史，曾写了一篇《祭柳子厚文》，第二年又写了《柳子厚墓志铭》。

韩愈的这篇墓志铭，记叙了柳宗元的世系、生平事迹，颂扬了他的政治才干及政绩，同情他在政治上的不平遭遇，也对柳宗元的文学成就及高尚品格给予充分肯定，但对柳宗元参加王叔文集团的革新运动持保留态度。

文章综括柳宗元的家世、生平、交友、文章，着重论述其治柳政绩和文学风义。韩愈赞扬柳宗元的政治才能，称颂其勇于为人，急朋友之难的美德和刻苦自励的精神。对他长期迁谪的坎坷遭遇，满掬同情之泪。然而对于柳宗元早年参加王叔文集团，企图改革政治的行为，却极为之讳，措词隐约，表现了作者的保守思想。文中，韩愈肯定了柳宗元文学上的卓越成就，并揭示出柳文愤世嫉俗之情及其现实意义。全文写得酣畅淋漓，顿挫盘郁，乃韩愈至性至情之所发。

此文之所以脍炙人口，千载流传而不衰，就是因为作者在文章里浸透和倾注了丰沛的情感。由此，愤激之笔频出，不平之鸣屡见，行文之中自然而然地打破了传统碑志文的形式，形成了夹叙夹议、议论横生、深沉蕴藉、诚挚委婉的特殊风格韵味。

此文先述子厚先世，重在表现其刚直的节操风骨。后写裴行立、卢遵二人对子厚后事安排和家属抚恤的尽心尽力，表现他们生死不变的友情，这些都可与墓主风貌相映照，而使全文成为一个有机的整体。

虽然韩愈也为别人写过不少墓志铭，但却只有这一篇最为独特、成就最高，感人肺腑，字字珠玑，实属"为情而造文"之杰作。

本文对后世有着深远的影响，清代储欣先生对此评价说："昌黎墓志第一，亦古今墓志第一。以韩志柳，入太史公传李将军，为之不遗余力矣。"沈德潜评语说："噫郁苍凉，墓志中千秋绝唱！"对此文概括得也颇为到位。

■ 白居易·元稹墓志铭

公讳稹，字微之，河南人。六代祖岩，隋兵部尚书，封昌平公。

五代祖弘，隋北平太守。高祖义端，魏州刺史。曾祖延景，岐州参军。祖讳悱，南顿县丞、赠兵部员外郎。考讳宽，比部郎中、舒王府长史、赠尚书右仆射。妣荥阳郑氏，追封陈留郡太夫人。公即仆射府君第四子，后魏昭成皇帝十五代孙也。

公受天地粹灵，生而岐然，孩而嶷然。九岁能属文。十五明经及第。二十四试判入四等。署秘省校书。二十八应制策入三等，拜左拾遗。即日献《教本书》。数月间，上封事六七。宪宗召对，言及时政，执政者疑忌，出公为河南尉。丁陈留太夫人忧，哀毁过礼，杖不能起。服除之明年，授监察御史。使于蜀，按任敬仲狱，得狱情。又劾奏东川帅违诏条过籍税。又奏平涂山甫等八十八家冤事。名动三川，三川人慕之，其后多以公姓字名其子。朝廷病东诸侯不奉法，东御史府不治事，命公分台而董之。时有河南尉离局从军职，尹不能止。监察使死，其柩乘传入邮，邮吏不敢诘。内园司械系人逾年，台府不得知。飞龙使匿赵氏亡命奴为养子，主不敢言。浙右帅封杖杖安吉令至死，子不敢想。凡此者数十事，或奏，或劾，或移，岁馀皆举正之。内外权宠臣无奈何，咸不快意。会河南尹有不如法事，公引故事，奏而摄之，甚急。先是不快者，乘其便，相噪嗾，坐公专达作威，黜为江陵士曹掾。居四年，徙通州司马。又四年，移虢州长史。

长庆初，穆宗嗣位，旧闻公名，以膳部员外郎征用。既至，转祠部郎中、赐绯鱼袋、知制诰。制诰，王言也，近代相沿，多失于巧俗。自公下笔，俗一变至于雅，三变至于典谟，时谓得人。上嘉之，数召与语，知其有辅弼才，擢授中书合人、赐紫金鱼袋、翰林学士承旨。寻拜工部侍郎，旋守本官同中书门下平章事。

公既得位，方将行己志，答君知。无何，有儉人以飞语构同位。

诏下按验，无状。上知其诬，全大体，与同位两罢之，出为同州刺史。始至，急吏缓民，省事节用，岁收羡财千万，以补亡户逋租。其余因弊制事，赡上利下者甚多。二年，改御史大夫、浙东观察使。将去同，同之耆幼鳏独，泣恋如别慈父母，遮道不可通。送诏使导呵挥鞭，有见血者，路辟而后得行。

先是，明州岁进海物，其淡蚶，非礼之味，尤速坏。课其程，日驰数百里。公至越，未下车，趋奏罢。自越抵京师，邮夫获息肩者万计，道路歌舞之。明年，辨沃瘠，察贫富，均劳逸，以定税籍。越人便之，无流庸，无逋赋。又明年，命吏课七郡人，冬筑陂塘，春贮水雨，夏溉旱苗，农人赖之，无凶年，无饿殍。在越八载，政成课高，上知之，就加礼部尚书，降玺书慰谕，以示旌宠。又以尚书左丞征还，旋改户部尚书、鄂岳节度使。在鄂三载，其政如越。太和五年七月二十二日，遇暴疾，一日薨于位，春秋五十三。上闻之轸悼，不视朝。赠尚书左仆射，加赗赠焉。

前夫人京兆韦氏，懿淑有闻，无禄早世。生一女，曰保子，适校书郎韦绚。今夫人河东裴氏，贤明知礼，有辅佐君子之劳，封河东郡君。生三女，曰小迎、未笄；道卫、道扶，龆龀。一子曰道护，三岁。仲兄司农少卿积，侄御史台主簿某等，衔哀襄事。裴夫人、韦氏长女暨诸孤等，号护主薔蒌，以六年七月十二日，祔葬于咸阳县奉贤乡洪渎原，从先宅兆也。

公著文一百卷，题为《元氏长庆集》，又集古今刑政之书三百卷，号《类集》，并行于代。公凡为文，无不臻极，尤工诗。在翰林时，穆宗前后索诗数百篇，命左右讽咏，宫中呼为"才子"。自六宫、两都、八方，至南蛮、东夷国，皆写传之。每一章一句出，无胫而走，疾于珠玉。

又观其述作编纂之旨,岂止于文章刀笔哉?实有心在于安人治国,致君尧、舜,致身伊、皋耳。抑天不与耶?将人不幸耶?予尝悲公始以直躬律人,勤而行之,则坎壈而不偶。谪瘴乡凡十年,发斑白而归来。次以权道济世,变而通之,又龃龉而不安。居相位,仅三月,席不暖而罢去。通介进退,卒不获心。是以法理之用,止于举一职,不布于庶官;仁义之泽,止于惠一方,不周于四海。故公之心不足也。逢时与不逢时同,得位与不得位同,富贵与浮云同,何者?时行而道未行,身遇而心不遇也。执友居易独知其心,以泣濡翰,书铭于墓曰:

呜呼,微之,年过知命,不谓之夭;位兼将相,不谓之少。然未康吾民,未尽吾道,在公之心,则为不了。嗟乎哉!道广而俗隘,时矣夫!心长而运短,命矣夫!呜呼微之,已矣夫!

【解析】

白居易(772—846年),字乐天,号香山居士,又号醉吟先生,祖籍太原,到其曾祖父时迁居下邽,生于河南新郑。是唐代伟大的现实主义诗人,唐代三大诗人之一。白居易与元稹共同倡导新乐府运动,世称"元白",与刘禹锡并称"刘白"。

元稹（779—831年），字微之，河南府（今河南洛阳）人，唐朝宰相、著名诗人。因行九，人称元九。

白居易和元稹在诗歌创作上是同道，常被拿来放在一起，南宋的严羽将白居易与元稹的诗体并称为"元白体"，苏东坡也曾将二人称为"元轻白俗"。除此之外，二人也是志同道合的生死之交。

贞元十七年（801年），白居易与元稹在长安相识，白居易进士及第，元稹则考中了明经，后又通过了吏部的"书判拔萃科"考试，做了校书郎，是个闲职，所以，二人便可以一起游山玩水、饮酒作诗，成为亲密无间的朋友。为参加制科考试，二人一起住进华阳观学习，后都在考试中胜出。但在以后的岁月里，宦海沉浮、萍踪不定，两人聚少离多，能够长时间在一起的时间只有两次：一次是在长安应试的五年；另一次是同朝为官的两年，但他们的友谊依旧如故。

除了情趣相同，二人也具有相同的政治理念。白居易文集中有《策林》七十五篇，宋人洪迈将《策林》看做是元、白二人合作的作品，是同住华阳观准备制科考试时一起撰写的。极具鲜明时代性的《策林》是针对当时的现实提出的政治主张。

白居易跟元稹情谊深厚，甚至情逾骨肉。大和五年（831年），元稹在武昌病逝，白居易听到此消息后，十分伤心，作了一首《哭微之》："今在岂有相逢日，未死应无暂忘时。从此三篇收泪后，终身无复更吟诗。"并作《祭微之文》："既有今别，宁无后期？公虽不归，我应继往。安有形去而影在，皮亡而毛存者乎？"元稹去世之后，白居易应其家人之邀为元稹撰写墓志铭。写好之后，元稹家要馈赠白居易价值六七十万钱的物品，虽然白居易极力拒绝，但其家人几次三番给他送去，白居易只好接受下来，然后再转赠给了一座寺庙。

欧阳修·尹师鲁墓志铭

师鲁,河南人,姓尹氏,讳洙。然天下之士识与不识皆称之曰师鲁,盖其名重当世。而世之知师鲁者,或推其文学,或高其议论,或多其才能。至其忠义之节,处穷达,临祸福,无愧于古君子,则天下之称师鲁者未必尽知之。

师鲁为文章,简而有法。博学强记,通知今古,长于《春秋》。其与人言,是是非非,务穷尽道理乃已,不为苟止而妄随,而人亦罕能过也。遇事无难易,而勇于敢为,其所以见称于世者,亦所以取嫉于人,故其卒穷以死。

师鲁少举进士及第,为绛州正平县主簿、河南府户曹参军、邵武军判官。举书判拔萃,迁山南东道掌书记、知伊阳县。王文康公荐其才,召试,充馆阁校勘,迁太子中允。天章阁待制范公贬饶州,谏官、御史不肯言。师鲁上书,言仲淹臣之师友,愿得俱贬。贬监郢州酒税,又徙唐州。遭父丧,服除,复得太子中允、知河南县。赵元昊反,陕西用兵,大将葛怀敏奏起为经略判官。师鲁虽用怀敏辟,而尤为经略使韩公所深知。其后诸将败于好水,韩公降知秦州,师鲁亦徙通判濠州。久之,韩公奏,得通判秦州。迁知泾州,又知渭州,兼泾原路经略部署。坐城水洛与边臣略异议,徙知晋州。又知潞州,为政有惠爱,潞州人至今思之。累迁官至起居舍人,直龙图阁。

师鲁当天下无事时,独喜论兵,为《叙燕》、《息戍》二篇行于世。自西兵起,凡五六岁,未尝不在其间,故其论议益精密,而于西事尤习其详。其为兵制之说,述战守胜败之要,尽当今之利害。又欲训土兵代戍卒,以减边用,为御戎长久之策,皆未及施为。而元昊臣,西兵解严，师鲁亦去而得罪矣。然则天下之称师鲁者，于其材能，亦未必尽知之也。

初，师鲁在渭州，将吏有违其节度者，欲按军法斩之而不果。其后吏至京师，上书讼师鲁以公使钱贷部将，贬崇信军节度副使，徙监均州酒税。得疾，无医药，舁至南阳求医。疾革，隐几而坐，顾稚子在前，无甚怜之色，与宾客言，终不及其私。享年四十有六以卒。

师鲁娶张氏，某县君。有兄源，字子渐，亦以文学知名，前一岁卒。师鲁凡十年间三贬官，丧其父，又丧其兄。有子四人，连丧其三。女一适人，亦卒。而其身终以贬死。一子三岁，四女未嫁，家无余资，客其丧于南阳不能归。平生故人无远迩皆往赙之，然后妻子得以其柩归河南，以某年某月某日葬于先茔之次。

余与师鲁兄弟交，尝铭其父之墓矣，故不复次其世家焉。

铭曰：

藏之深，固之密。石可朽，铭不灭。

【解析】

欧阳修（1007—1072年），字永叔，号醉翁，晚号六一居士，吉州永丰（今江西省吉安市永丰县）人，北宋时期的政治家、文学家，"唐宋八大家"之一。

尹洙（1001—1047年），字师鲁，洛阳（今河南洛阳市）人，北宋散文家，世称河南先生。

师鲁比欧阳修大6岁，比范仲淹小12岁。师鲁对于范仲淹来说，相当于"义兼师友"。范仲淹曾替人写墓志铭，当他写毕封好刚要发送时，忽然想到："这篇铭记不能不给尹洙看看。"第二天，他把墓志铭交给尹洙过目，尹洙看后说："你写的文章已经很出名，后代人会以你的文章为典范，因此不可不谨慎啊。现在你把转运使写作都刺史，知州写成太守（汉代官名），虽然是属于清雅古隽的说法，但现在却没有这些官职名称，后代必然会产生疑惑，这正是引起庸俗文人所争论不休的原因呵。"范仲淹听后，颇有感叹地说："幸亏请你看了，否则，我几乎要失误啊。"

▲ 欧阳修

欧阳修对于师鲁来说则是"兄弟交"。欧阳修一踏上仕途，便结识了比他大六岁的尹洙，他曾在《记旧本韩文后》中说过："官于洛阳，而尹师鲁之徒皆在，遂相与作为古文。"应该说尹洙古峭凝练的文风，以及他的"大抵文字所忌者，格弱字冗"（《湘山野录》卷中引）的见解，对欧阳修都是很有启发的。两人志趣相投，情如兄弟。

师友之交关乎文章学问，兄弟之交止乎亲情友谊。师鲁去世后，范仲淹为其文集写序，韩琦为其写墓表，均盛称师鲁文章学问。至欧阳修所写墓铭，开篇即言师鲁名重当世者不独文章，其忠义之节、君子古风，尤足为世人称道。可知欧阳修墓铭，笔墨安排，重点不在师鲁文章。至有人责备欧阳修"师鲁文章，不合只着一句道了"，言外之意，欧阳修不肯稍稍假文名与师鲁。欧阳修作文《论尹师鲁墓志》进行申辩，欧阳修身后，非难之声仍不绝于耳，又有为欧阳修回护者。这场争论的焦点在于谁是宋代古文运动的先驱，显然在范仲淹心目中，师鲁的位置是要排在欧阳修之前的。韩琦的看法和范仲淹是一致的。

范序、韩表，欧阳修肯定都已看过，但他并不认同他们的评价，在《论尹师鲁墓志》中，欧阳修有过这样的说明："若作古文自师鲁始，则前有穆修、郑条辈，及有大宋，先达甚多，不敢断自师鲁始也。偶俪之文，苟合于理，未必为非，故不是此而非彼也。若谓近年古文，自师鲁始，则范公祭文已言之矣，可以互见，不必重出也。"可见，欧阳修视师鲁为文章敌国，他可以对比自己年轻近三十岁的苏轼"放一头地"，对比自己年长六岁的兄长师鲁，未必情愿将文名拱手相让。文人间相互争胜，自古而然，原不必与人品相联系。

总体来看，欧阳修的这篇《墓志》在"文"的方面还是颇为用力的。且不说遣辞用语之精深，选材之精当（以上分析已涉及此类问题），就是篇章结构、人物表现，都是很有讲究的。作者满怀深情为师鲁写出这样词简意深、章法谨严的墓志，与他自己几遭排斥的经历不无关系。"其所以见称于世者，亦所以取嫉于人"，像这种深刻而辩证的判断，其实也饱含自己的体验、辛酸和悲愤！

■ 欧阳修·梅圣俞墓志铭

嘉祐五年，京师大疫，四月乙亥，圣俞得疾，卧城东汴阳坊。明日，朝之贤士大夫往问疾者，骈呼属路不绝。城东之人，市者废，行者不得往来，咸惊顾相语曰："兹坊所居大人谁邪？何致客之多也？"居八日癸未，圣俞卒。于是贤士大夫又走吊哭如前日益多，而其尤亲且旧者相与聚而谋其后事，自丞相以下皆有以赗恤其家。粤六月甲申，其孤增载其柩南归，以明年正月丁丑葬于某所。

圣俞，字也，其名尧臣，姓梅氏，宣州宣城人也。自其家世颇能诗，而从父询以仕显，至圣俞遂以诗闻。自武夫、贵戚、童儿、野叟，皆能道其名字，虽妄愚人不能知诗义者，直日此世所贵也，吾能得之，用以自矜。故求者日踵门，而圣俞诗遂行天下。其初喜为清丽闲肆平淡。久则涵演深远，间亦琢刻以出怪巧，然气完力余，益老以劲。其应于人者多，故辞非一体。至于他文章皆可喜，非如唐诸子号诗人者僻固而狭陋也。圣俞为人仁厚乐易，未尝忤于物，至其穷愁感愤，有所骂讥笑谑，一发于诗，然用以为欢，而不怨怼，可谓君子者也。初在河南，王文康公见其文，叹曰："二百年无此作矣。"其后大臣屡荐宜在馆阁，尝一召试，赐进士出身，余辄不报。嘉祐元年，翰林学士赵概等十余人列言于朝曰：梅某经行修明，愿得留与国子诸生讲论道德，作为雅颂，以歌咏圣化。乃得国子监直讲。三年冬，袷于太庙，御史中丞韩绛言：天子且亲祠，当更制乐章以荐祖考，惟梅某为宜，亦不报。

圣俞初以从父荫补太庙斋郎，历桐城、河南、河阳三县主簿，以德兴县令知建德县，又知襄城县，监湖州盐税，签署忠武、镇安两军节度判官，监永济仓，国子监直讲，累官至尚书都官员外郎。尝奏其所撰《唐载》二十六卷，多补正旧史阙缪。乃命编修《唐书》，书成，未奏而卒，享年五十有九。

曾祖讳远，祖讳邈，皆不仕。父讳让，太子中舍致仕，赠职方郎中。母曰仙游县太君束氏，又曰清河县太君张氏。初娶谢氏，封南阳县君。再娶刁氏，封某县君。子男五人，曰增、曰墀、曰坰、曰龟儿，一早卒。女二人，长适太庙斋郎薛通，次尚幼。圣俞学长于《毛氏诗》，为《小传》二十卷，其文集四十卷，注《孙子十三篇》。余尝论其诗曰："世谓诗人少达而多穷，盖非诗能穷人，殆穷者而后工也。"圣俞以为知言。

铭曰：

不戚其穷，不困其鸣。不踬于艰，不履于倾。养其和平，以发阙声。

震越浑锽，众听以惊。以扬其清，以播其英。以成其名，以告诸冥。

【解析】

梅圣俞（1002—1060年），即梅尧臣，字圣俞，宣州宣城（今安徽宣州）人，北宋著名现实主义诗人。出身农家，屡试不第。仁宗天圣九年（1031年），以叔父门荫任河南县主簿，得到西京留守钱惟演与通判谢绛的赏识，并于同年与欧阳修一见如故，开始了两人长达30年的交往。30年间，两人诗歌唱和不辍，以自己的诗歌创作实践，为宋代文学的形成奠定了坚实的基础。30年的交往，也使两人结下了深厚的友情。两人洛阳定交不久，欧阳修对圣俞有过这样的评价："圣俞志高而行洁，气秀而色和，崭然独出于众人中。"（欧阳修《送梅圣俞归河阳序》）在庸庸众人之中，卓尔不群的欧梅更容易惺惺相惜。两人曾有嵩洛之游，"每得绝崖倒壑，深林古宇，则必相与吟哦其间，始而欢然以相得，终则畅然觉乎熏蒸浸渍之为益也"（同上）。朋友之交，若能"欢然相得"，已属难得，而能够"畅然觉乎熏蒸浸渍之为益"，这已超越泛泛之交，而成为益友、挚友。在订交之初，欧阳修对圣俞有很高的期许："能先群物而贵于世者，恃其异而已，则光气之辉然者，岂能掩之哉？"（同上）

15年后，当欧阳修为圣俞诗集写序时，已经50岁的梅圣俞仍沉沦下僚。"奈何使其老不得志，而为穷者之诗，乃徒发于虫鱼物类，羁愁感叹之言。世徒喜其工，不知其穷之久而将老也。可不惜哉！"（欧阳修《梅圣俞诗集序》）面对这样的结局，束手无策的欧阳修，徒唤奈何。

这篇墓志铭，起篇极言驰问吊哭之人之众多，一方面说明圣俞生前德望之高，另一方面为下文感叹圣俞名重势穷埋下伏笔。接下来，用主要笔墨铺写圣俞诗名之大，反衬其命运之穷塞。在层层累势之后，

"世谓诗人少达而多穷，盖非诗能穷人，殆穷者而后工也"，这一宏论排闼而来，不独哀其人，更哀其所以哀者。整篇墓铭浑雅雄健，读来一气呵成，撼人心扉。

■ 王安石·王深父墓志铭

吾友深父，书足以致其言，言足以遂其志，志欲以圣人之道为己任，盖非至于命弗止也，故不为小廉曲谨以投众人耳目。而取合、进退、去就，必度于仁义。世皆称其学问文章行治，然真知其人者不多，而多见谓迂阔，不足趣时合变。嗟乎！是乃所以为深父也。令深父而有以合乎彼，则必无以同乎此矣！

尝独以谓天之生夫人也，殆将以寿考成其才，使有待而后显，以施泽于天下；或者诱其言以明先王之道，觉后世之民。呜呼！孰以为道不任于天、德不酬于人而今死矣？甚哉，圣人君子之难知也！以孟轲之圣，而弟子所愿，止于管仲、晏婴，况余人乎？至于扬雄，尤当世之所贱简，其为门人者，一侯芭而已。芭称雄书，以为胜《周易》。《易》不可胜也，芭尚不为知雄者。而人皆曰："古之人，生无所遇合，至其没久，而后世莫不知。"若轲、雄者，其没皆过千岁，读其书，知其意者甚少，则后世所谓知者未必真也！夫此两人以老而终，幸能著书，书具在，然尚如此。嗟乎！深父其智虽能知轲，其于为雄，虽几可以无悔，然其志未就，其书未具，而既早死，岂特无所遇于今、又将无所传于后！天之生夫人也，而命之如此，盖非余所能知也！

深父讳回，本河南王氏，其后自光州之固始迁福州之侯官，为侯官人者三世。曾祖讳某，某官。祖讳某，某官。考讳某，尚书兵部员外郎。兵部葬颍州之汝阴，故今为汝阴人。深父尝以进士补亳州卫真县主簿，岁余,自免去。有劝之仕者,辄辞以养母。其卒以治平二年七月二十八日,年四十三。于是朝廷用荐者以为某军节度推官知陈州南顿县事,书下而深父死矣。夫人曾氏,先若干日卒。子男一人,某。女二人,皆尚幼。诸弟以某年某月某日葬深父某县某乡某里,以曾氏祔。

铭曰:

呜呼深父!惟德之仔肩,以迪祖武。厥艰荒遐,力必践取。莫吾知庸,亦莫吾侮。神则尚反,归形此土。

【解析】

王安石(1021—1086年),字介甫,号半山,汉族,临川(今江西抚州市临川区)人,北宋著名的思想家、政治家、文学家、改革家,世称王文公。

▲ 王安石

王深父(?—1065年),即王回,与王安石、曾巩、刘攽等人一同向欧阳修问学,受到欧阳修的赏识。

王深父是王安石的好友,去世于宋英宗治平二年(1065年),本文正是撰于这一年。王安石和王深父交谊深厚,书信来往甚多,对其道德学问赞誉有加。友人的英年早逝,使王安石深感悲痛,为其撰写了祭文和墓志铭,凸显王深父的志向、品行与学问,寄寓作者对其不幸遭遇的深刻同情。

第一部分主要叙述王深父的志向与品行，揭示出在王深父盛名之下掩藏的是不为众人理解的落寞，为全篇定下了痛惜、叹惋的基调，也寄寓了作者的深切同情。

第二部分以议论起笔，感慨王深父的不幸遭遇，文笔纵横，表意曲折含蓄，在反复比较中，彰显王深父遭遇的不幸，烘托出浓重的悲剧气氛。

第三部分简要概述王深父的身世生平、卒葬以及子女情况。这一切都在围绕他的不幸遭遇展开叙述，与前文相互呼应。其不幸的人生遭遇，进一步凸显他高尚品行和耿直禀性。

这篇墓志铭，感情真挚，行文曲折反复，有动人的艺术魅力。结尾以肃穆古朴的四言体式，对坚守道义始终如一的亡友致以崇高的敬意，抒发了对死者的缅怀悼念之情。

明末清初藏书家、文学家孙琮在《山晓阁选宋大家王临川全集》卷一中道："世人知深甫，而非真知，朝廷用深甫，而不尽用，此是前后大关键处。中间反复悼惜，只是将孟扬来低徊感慨，不胜凭吊之思，而于深甫已自凄凉欲绝。高情逸致，可与子长《伯夷列传》并读。"

■ 王安石·泰州海陵县主簿许君墓志铭

君讳平，字秉之，姓许氏。余尝谱其世家，所谓今泰州海陵县主簿者也。君既与兄元相友爱称天下，而自少卓荦不羁，善辩说，与其兄俱以智略为当世大人所器。宝元时，朝廷开方略之选，以招天下异能之士，而陕西大帅范文正公、郑文肃公争以君所为书以荐，于是得召试，为太庙斋郎，已而选泰州海陵县主簿。贵人多荐君有大才，可试以事，不宜弃之州县。君亦常慨然自许，欲有所为。然终不得一用其智能以卒。噫！其可哀也已。

　　士固有离世异俗，独行其意，骂讥、笑侮、困辱而不悔，彼皆无众人之求而有所待于后世者也，其龃龉固宜。若夫智谋功名之士，窥时俯仰以赴势物之会，而辄不遇者，乃亦不可胜数。辩足以移万物，而穷于用说之时；谋足以夺三军，而辱于右武之国，此又何说哉！嗟乎！彼有所待而不遇者，其知之矣。

　　君年五十九，以嘉祐某年某月某甲子葬真州之扬子县甘露乡某所之原。夫人李氏。子男瓌，不仕；璋，真州司户参军；琦，太庙斋郎；琳，进士。女子五人，已嫁二人，进士周奉先、泰州泰兴县令陶舜元。

　　铭曰：有拔而起之，莫挤而止之。呜呼许君！而已于斯，谁或使之？

【解析】

　　许平是个终身不得志的普通官吏。在这篇墓志铭中作者主要是哀悼许平有才能而屈居下位的悲剧。第一段写许君有大才却终不得用的事实；第二段以离俗独行之士和趋势窥利之士的不遇，来衬托许君的不得志；第三段写许君的后事；第四段铭文只二十余字，概括许平一生遭遇，隐含强烈的悲愤。全文议论较多，情调慷慨悲凉。

■ 苏轼·亡妻王氏墓志铭

　　治平二年五月丁亥，赵郡苏轼之妻王氏，卒于京师。六月甲午，殡于京城之西。其明年六月壬午，葬于眉之东北彭山县安镇乡可龙里先君先夫人墓之西北八步。轼铭其墓曰：

　　君讳弗，眉之青神人，乡贡进士方之女。生十有六年，而归于轼。有子迈。君之未嫁，事父母，既嫁，事吾先君、先夫人，皆以谨肃闻。

其始，未尝自言其知书也。见轼读书，则终日不去，亦不知其能通也。其后轼有所忘，君辄能记之。问其他书，则皆略知之。由是始知其敏而静也。从轼官于凤翔，轼有所为于外，君未尝不问知其详。曰："子去亲远，不可以不慎。"日以先君之所以戒轼者相语也。轼与客言于外，君立屏间听之，退必反覆其言曰："某人也，言辄持两端，惟子意之所向，子何用与是人言。"有来求与轼亲厚甚者，君曰："恐不能久。其与人锐，其去人必速。"已而果然。将死之岁，其言多可听，类有识者。其死也，盖年二十有七而已。始死，先君命轼曰："妇从汝于艰难，不可忘也。他日汝必葬诸其姑之侧。"未期年而先君没，轼谨以遗令葬之。

铭曰：

君得从先夫人于九原，余不能。呜呼哀哉！余永无所依怙。君虽没，其有与为妇何伤乎。呜呼哀哉！

【解析】

苏轼（1037—1101年），字子瞻，号东坡居士，世称苏东坡。汉族，北宋眉州眉山（今属四川省眉山市）人，原籍河北栾城，北宋时期著名文学家、书法家、画家。

苏轼一生很少为人写墓志铭，所写的墓志铭大多是为亲友至交而写。这篇墓志铭是苏轼为已故结发妻子王弗所作。苏轼19岁时与16岁的王弗结婚。22岁考中进士后，当年母亲程氏不幸病逝，苏轼返乡守丧。服丧期满后，苏轼参加制科考试，并入第三等，之后，授官大理评事凤翔府签判。苏轼将王弗和儿子苏迈一起接到凤翔，夫妻共同在凤翔相处了三年的时间。宋英宗治平二年（1065年），苏轼还朝，召试秘阁，入三等，得直史馆。也就在这一年，王弗病逝于汴京。王弗去世时年仅27岁，而苏轼也只有30岁。苏轼仕途刚刚展开，加之长子苏迈年幼，此时却痛失这样一个给予自己很多帮助的爱妻，心情沉痛不言而喻。第二年，苏轼的父亲苏洵去世，葬在了原籍，王氏也迁葬到原籍，苏轼便写了这篇墓志铭。在不长的篇幅内，将一个知书达理、孝敬双亲、体贴丈夫、敏静贤淑、卓有识见的少妇形象写得栩栩如生，同时也让人为这样一个过早离去的生命哀惋不已。妻子去世10年之后，也即宋神宗熙宁八年（1075年），年已不惑、时任密州刺史的苏轼，在正月二十日这天夜里，梦见爱妻王弗，随后便写下了那首"有声当彻天，有泪当彻泉"（陈师道语）的悼亡词《江城子》。这 10 年间，苏轼因反对王安石的新法，颇受压制，心境悲愤；到密州后，又忙于处理政务，生活困苦，他又怎能"不思量"那聪慧明理的贤内助呢？年年月月，朝朝暮暮，虽然不是经常悬念，但也时刻未曾忘却！如果说墓志铭中表达的更多的是对亡妻的钦敬，那么，《江城子》所表达的是对亡妻深沉幽怨、情丝缠绵、如泣如诉、真挚感人的内心倾诉。

这篇墓志铭全文仅四百余字，却能如此全面而又突出叙述王氏夫人的生平，充分表达了夫妇之间超乎寻常的深厚感情。

■ 祝允明·唐子畏墓志并铭

子畏死，余为歌诗，往哭之恸。将葬，其弟子重请为铭。子畏，余肺腑友，微子重，且铭之。

子畏性绝颖利，度越千士。世所谓颖者，数岁能为科举文字，童髫中科第，一日四海惊称之。子畏不然，幼读书，不识门外街陌，其中屹屹，有一日千里气。不妄友一人，余访之再，亦不答。一旦，以二章投余，杰特之志铮然，余亦报以诗，劝其少加弘舒，言万物转高转细，未闻华峰可建都聚，惟天极峻且无外，故为万物宗。子畏始肯可，久乃大契，然一意望古豪杰，殊不屑事场屋。

其父德广，贾业而士行。将用子畏起家，致举业，师教子畏，子畏不违父旨，德广尝语人："此儿必成名，殆难成家乎？"父殁，子畏犹落落，一日，余谓曰："子欲成先志，当且事时业，若必从己愿，便可褫裭幞，烧科策，今徒籍名泮庐，目不接其册子，则取合奈何？"子畏曰："诺！明年当大比，吾试捐一年力为之，若弗集，一掷之耳！"即瑾户，绝交往，亦不觅时辈讲习，取前所治毛氏诗，与所谓四书者，翻讨拟议，只求合时义。戊午，试应天府，录为第一人。己未，往会试。时傍有郡富家子，亦已举于乡，师慕子畏，载与俱北。既入试，二场后，有仇富子者，抨于朝，言与主司有私，并连子畏。诏驰敕礼闱，令主司不得阅此卷。亟捕富子及子畏，付诏狱。逮主司出，同讯于廷，富子既承，子畏不复辨，与同罚，黜掾于浙藩，归而不往。或劝少贬，异时亦不失一命，子畏大笑，竟不行，放浪形迹，翩翩远游，扁舟独迈祝融、匡庐、天台、武夷，观海于东南，浮洞庭、彭蠡，蹶归。将复踏四方，得疾久，少愈，稍治旧绪。

其学务穷研造化，玄蕴象数，寻究律历，求扬马玄虚，邵氏声音之理而赞订之。旁及风鸟、壬遁、太乙，出入天人之间，将为一家学。未及成章而没。其于应世文字、歌诗不甚措，意谓后世不取在是，见我一斑而已矣！奇趣时发，或寄于画，下笔辄追唐宋名匠，既复为人请乞，烦杂不休，遂亦不及精谛。且已四方慕之，无贵贱贫富，日诣门求索文辞、诗画。子畏随应之，而不必尽所至，大率兴寄遐邈，不以一时毁誉重轻为趋合。

子畏临事果，事多全大节，即少不合，不问。故知者诚爱宝之，若异玉珍具。王文恪公最慎予可，知之最深重。不知者，亦莫不歆其才望；而娟疾者，先后有之。子畏粪土财货，或饮其惠，讳且矫，乐其灾，更下之石，亦其得祸之由也。桂伐漆割，害隽戕特，尘土物态，亦何伤于子畏？余伤子畏不以是，气化英灵，大略数百岁，一发钟于人，子畏得之，一旦已矣，此其痛宜如何置？有过人之杰，人不歆而更毁；有高世之才，世不用而更摈，此其冤，宜如何已？

子畏为文，或丽或淡，或精或泛，无常态，不肯为锻炼功，奇思常多，而不尽用。其诗，初喜秾丽，既又仿白氏，务达情性，而语终璀璨，佳者多与古合。尝乞梦仙游九鲤神，梦惠之墨一担，盖终以文业传焉。

唐氏，世吴人，居吴趋里。子畏母丘氏以成化六年二月初四日生子畏，岁合庚寅，名之曰寅，初字伯虎，更子畏。卒嘉靖癸未十二月二日，得年五十四。配徐，继沈，生一女，许王氏国士，履吉之子。墓在横塘王家村，子畏罹祸后，归心佛氏，自号六如，取四句偈旨，治圃舍北桃花坞，日般饮其中，客来便共饮，去不问，醉便颓寝。子重名申，亦佳士，称难弟兄也。

铭曰：

穆天门兮夕开，纷吾乘兮归来。睇桃夭兮故土，回风冲兮兰玉摧。不兜率兮犹徘徊，星辰上下兮云雨灌，椅桐轮囷兮稼无滞穟，孔翠错璨兮金芝葳蕤，碧丹渊涵兮人间望思。

【解析】

该文选自《怀星堂集》卷十七，是作者为好友唐寅写的墓志铭。

祝允明（1461—1527年），字希哲，长洲（今江苏吴县）人，因长像奇特，而自嘲丑陋，又因右手有枝生手指，故自号枝山，世人称为"祝京兆"，明代著名书法家，与唐寅、文徵明、徐祯卿并称"吴中四才子"。

唐子畏即唐寅（1470—1524年），字伯虎，后改字子畏，号六如居士、桃花庵主、鲁国唐生、逃禅仙吏等，明代画家、书法家、诗人。

唐寅自幼天资聪敏，熟读四书五经，并博览史籍。29岁时，到南京参加乡试，考中第一名解元，名动江南。正当他踌躇满志，准备在京城会试中一展身手时，却受科场案牵连，铩羽而归。这一事件对唐寅来说是一个很大的打击。从此唐寅绝意仕途，纵酒浇愁，游历名山大川，以丹青自娱，靠卖文鬻画为生。明正德九年（1514年），唐寅被明宗室宁王以重金征聘到南昌，当他发现自己身陷一场政治阴谋中时，便佯装疯癫，脱身逃回故里，宁王反叛被朝廷平定后，唐寅幸而逃脱了杀身之祸。后人对于唐寅这一历史人物的喜爱，还源于人们对他的怜惜与同情。唐寅晚境凄凉，常年多病，生活艰难，甚至常靠向好友祝允明、文徵明二人借钱度日。他一生在诗文、绘画、书法上均有非凡的造诣，却潦倒一生，足以引起后人无穷的惋惜和同情。

▲ 祝允明

人们喜爱唐寅，还在于人们在他身上寄托了很多为尘世所不容的人性光辉。由于唐寅自身就有不拘礼法的性格特征，在后人敷衍出的各种形式的文艺作品中，人们故意让他不拘礼法、放浪形骸，让他独闯朱门豪宅，让他在达官贵人中间嬉笑怒骂，让他娶到自己心爱的女人。尽管民间百姓如此喜爱唐寅，但在文人士大夫眼中，却又是另一个形象。清代四库馆臣说到唐寅的诗文，称"寅诗颓唐浅率，老益潦倒"，王世贞在《艺苑卮言》甚至以"乞儿唱莲花落"讥诋唐寅之诗，但这毕竟不能改变百姓眼中的唐寅形象。

祝允明在这篇墓志铭中，用"痛"、"冤"两个字来概括后人对唐寅的惋惜之情，其彻腑之痛，旷世之冤，又非挚友不能理解。文章在追述他们的交往中，充满了对好友的沉痛思念之情；在叙述唐寅的一生遭遇中，也抱着深沉的感叹。墓志展示了唐寅狂放超俗的个性和横放杰出的才华，为了解唐寅提供了形象史料。

■ 王阳明·徐昌国墓志

正德辛未三月丙寅，太学博士徐昌国卒，年三十三。士夫闻而哭之者皆曰："呜呼，是何促也！"或曰："孔门七十子，颜子最好学，而其年独不永，亦三十二而亡。"说者谓颜子好学，精力瘁焉。夫颜虽既竭吾才，然终日如愚，不改其乐也；此与世之谋声利，苦心焦劳，患得患失，逐逐终其身，耗劳其神气，奚啻百倍！而皆老死黄馘，此何以辨哉？天于美质，何生之甚寡而坏之特速也！夫鼪鼯以夜出，凉风至而玄鸟逝，岂非凡物之盛衰以时乎？夫嘉苗难植而易槁，芝荣不逾旬，蔓草剃而益繁，鸱枭虺蝮遍天下，而麟凤之出，间世一睹焉。商、周以降，情淑日浇而浊秽熏积，天地之气则有然矣，于昌国何疑焉！

始昌国与李梦阳、何景明数子友，相与砥砺于辞章，既殚力精思，杰然有立矣。一旦讽道书，若有所得，叹曰："弊精于无益，而忘其躯之毙也，可谓知乎？巧辞以希俗，而捐其亲之遗也，可谓仁乎？"于是习养生。有道士自西南来，昌国与语，悦之，遂究心玄虚，益与世沮，自谓长生可必至。正德庚午冬，阳明王守仁至京师。守仁故善数子，而亦尝没溺于仙释，昌国喜，驰往省，与论摄形化气之术。

当是时，增城湛元明在坐，与昌国言不协，意沮去。异日复来，论如初。守仁笑而不应，因留宿，曰："吾授异人五金八石之秘，服之冲举可得也，子且谓何？"守仁复笑而不应。乃曰："吾隳黜吾昔而游心高玄，塞兑敛华而灵株是固，斯亦去之兢兢于世远矣。而子犹余拒然，何也？"守仁复笑而不应。于是默然者久之，曰："子以予为非耶？抑又有所秘耶？夫居有者，不足以超无；践器者，非所以融道。吾将去知故而宅于埃壒之表，子其语我乎？"守仁曰："谓吾为有秘，道固无形也；谓吾谓子非，子未吾是也。虽然，试言之。夫去有以超无，无将奚超矣？外器以融道，道器为偶矣。而固未尝超乎！夫盈虚消息，皆命也；纤巨内外，皆性也；隐微寂感，皆心也。存心尽性，顺夫命而已矣，而奚所趋合于其间乎？"昌国首肯，良久曰："冲举有诸？"守仁曰："尽鸢之性者，可以冲于天矣；尽鱼之性者，可以泳于川矣。"曰："然则有之。"曰："尽人之性者，可以知化育矣。"昌国俯而思，蹶然而起曰："命之矣！吾且为萌甲，吾且为流溅，子其煦然属我以阳春哉！"

数日，复来谢曰："道果在是，而奚以外求？吾不遇子，几亡人矣。然吾疾且作，惧不足以致远，则何如？"守仁曰："悸乎？"曰："生，寄也；死，归也。何悸？"津津然既有志于斯，已而不见者逾月，忽有人来讣，昌国逝矣。王、湛二子驰往哭，尽哀，因商其家事。其长子伯虬言，昌国垂殁，整衽端坐，托徐子容以后事。子容泣，昌国笑曰："常事耳。"谓伯虬曰："墓铭其请诸阳明。"气益微，以指画伯虬掌，作"冥冥漠漠"四字，余遂不可辨，而神气不乱。

呜呼！吾未竟吾说以时昌国之及，而昌国乃止于是，吾则有憾焉！临殁之托，又何负之？昌国名祯卿，世姑苏人。始举进士，为大理评事。不能其职，于是以亲老求改便地为养。当事者目为好异，抑之；已而降为五经博士。故虽为京官数年，卒不获封其亲，以为憾。所著有《谈艺录》、古今诗文若干首，然皆非其至者。昌国之学凡三变，而卒乃有志于道。墓在虎丘西麓。

铭曰：

惜也昌国！吾见其进，未见其至。早攻声词，中乃谢弃；脱淖垢浊，修形练气；守静致虚，恍若有际。道几朝闻，遐夕先逝。不足者命，有余者志。璞之未琢，岂方顽砺？隐埋山泽，有虹其气。后千百年，曷考斯志！

【解析】

王守仁（1472—1529年），幼名云，字伯安，别号阳明，浙江绍兴府余姚县（今属宁波余姚）人，明代著名的思想家、文学家、哲学家和军事家。谥文成，世称王文成公。

徐昌国就是我们熟知的徐祯卿（1479—1511年），其字昌谷，一字昌国，吴县（今江苏苏州）人，原籍常熟梅李镇，是后来才迁居到吴县。明代文学家，被人称为"吴中诗冠"，是江南四大才子之一。

少年时期，徐昌国就与祝允明、唐寅、文徵明并称为"吴中四才子"。徐祯卿在不长的人生道路上，为学凡经三次转变。早年诗学白居易、刘禹锡。登第后，悔其少作，改趋汉魏盛唐之诗，与李梦阳、何景明等人并称"前七子"。已而徐祯卿又尽弃所学，潜心于黄老养生之道。正当徐祯卿醉心于摄形化气之术，准备一朝羽化登仙之时，又遇到了王阳明，并为王阳明之学所折服。这一次转变还没有最终完成，徐祯卿就溘然离世了。尽管徐祯卿并没有正式执贽礼拜师入门，而临终将墓志铭托于王阳明，可知徐祯卿已归心于王阳明之学了。王阳明怀着对这位才俊的深深惋惜之情写作了这篇墓志铭，文中对徐祯卿评价之高，颇不合乎王阳明作为一个哲人的严谨，可见对徐祯卿期许越高，就越发显得王阳明对失去徐祯卿的扼腕之痛。在写法上，这篇墓志铭也很有特点。整篇文章并没有像传统墓志铭那样，一开始写名讳，次叙先祖，再写仕历，一路写来，面面俱到。而是将作者与徐祯卿的一次对谈作为写作的重点，进行铺写渲染。通过这样的笔墨安排，可以看出徐祯卿进学之勇，以及不拘门户，唯道是求的探索精神。明白了这一点，我们就不会以"流质善变"来责备徐祯卿了。

■ 归有光·沈贞甫墓志铭

自予初识贞甫时，贞甫年甚少，读书马鞍山浮屠之偏。及予娶王氏，与贞甫之妻为兄弟，时时过内家相从也。予尝入邓尉山中，贞甫来共居，日游虎山、西崦、上下诸山，观太湖七十二峰之胜。嘉靖二十年，予卜居安亭。安亭在吴淞江上，界昆山、嘉定之壤，沈氏世居于此。贞甫是以益亲善，以文字往来无虚日。以予之穷于世，贞甫独相信；虽一字之疑，必过予考订，而卒以予之言为然。

盖予屏居江海之滨，二十年间，死丧忧患，颠倒狼狈，世人之所嗤笑。贞甫了不以人之说而有动于心，以与之上下。至于一时富贵翕赫，众所观骇，而贞甫不予易也。嗟夫！士当不遇时，得人一言之善，不能忘于心。予何以得此于贞甫耶？此贞甫之没，不能不为之恸也！

贞甫为人伉厉，喜自修饰。介介自持；非其人，未尝假以词色。遇事，激昂僵仆无所避。尤好观古书，必之名山及浮屠、老子之宫。所至扫地焚香，图书充几。闻人有书，多方求之，手自抄写，至数百卷。今世有科举速化之学，皆以通经学古为迂。贞甫独于书知好之如此，盖方进于古而未已也。不幸而病，病已数年，而为书益勤。予甚畏其志，而忧其力之不继，而竟以病死。悲夫！

初，予在安亭，无事每过其精庐，啜茗论文，或至竟日。及贞甫没，而予复往，又经兵燹之后，独徘徊无所之，益使人有荒江寂寞之叹矣。

贞甫讳果，字贞甫。娶王氏，无子，养女一人。有弟曰善继、善述。其葬以嘉靖三十四年七月日，年四十有二。即以是年某月日，葬于某原之先茔。可悲也已！

铭曰：

天乎命乎？不可知，其志之勤而止于斯！

【解析】

这篇文章选自《震川先生集》卷十九。沈贞甫是作者好友，又是连襟，两人过从甚密。沈贞甫不幸早死，作者为他写了这篇墓志铭。

归有光（1507—1571年），字熙甫，又字开甫，别号震川，又号项脊生，世称"震川先生"。汉族，苏州府太仓州昆山县（今江苏昆山）宣化里人。明代官员、散文家，著名古文家。

归有光一生从事举业，60岁时方成进士。写这篇墓志铭时，正是其屡试不第、郁郁不得志的时期。在此文中作者以一个兄长的身份，回忆了与沈贞甫的交往过程，字里行间充满了感激与惋惜。感激的是，作者当此失意之时，而唯有贞甫亲善相待，信任尊重。对于一个科途蹭蹬的举子来说，还能有什么比这更能打动人的呢？所以归有光对于这个小连襟，一直是心存感激的。令人惋惜的是，不只是在最需要的时候，归有光却失去了这样一个知己，归有光更觉惋惜的是，贞甫大志未展，却早早逝去，令人悲叹。从文中约略可以看出，贞甫也像归有光一样是一个奔走于科途的举子。让归有光心生敬意的是，在这样一个人人皆求科举速化之学的时代里，贞甫犹能知古好古，博通经书，实属

▲ 归有光

难能可贵。归有光在《视徐生书》中表达过类似的看法："世学之卑，志在科举为第一事。天下豪杰，方扬眉瞬目，群然求止于是。生非为科举文，不以从予；予不为科举文，亦无由得生。然予之期于生者，世未之知也。"在归有光看来科举之文不能成学，但是为了取得科举功名，又不得不学。其中心曲之拗折，又非一般汲汲于科途的举子所能理解，而这也正是归有光所嘉许沈贞甫的地方。

沈贞甫没有仕宦经历，故文章着重在写他们相识的经过，相知之深，及作者失友之痛，也着重介绍了沈贞甫的性格特点等。其中所写沈贞甫的求知精神，更为动人。全文记叙和抒情紧密结合，语言平实质朴，娓娓道来，如叙家常，揭示了沈贞甫为人耿直、交友诚笃、鄙弃趋炎附势、

抵制浮躁学风的性格特点，也赞扬了他勤学不倦、至死方休的精神品质。作者的失友之痛、贬时之弊，也自然地流露了出来。

■ 王猷定·钱烈女墓志铭

扬州有死节而火葬于卞忠贞祠南十五步，为镇江钱烈女之墓。烈女死明弘光乙酉四月二十七日，五日乃火。以冢于忠贞祠，即其地为墓。当其死，告于父："无葬此土，以尸投火。"父如其言。南昌王猷定客扬州，与里人谈乙酉事，辄为诗文吊之。岁丙申春，其父乞余铭，痛哭言曰："吾老人无儿，自吾女死，而老人不欲生也。城破，督师史公率兵趋东门，女决其必死，已持刀欲自到，余挽其手；积薪以焚，余又夺去；结缳，丝绝，缳又断。余皇急不知所出，不得已，乃予以药曰：'汝姑视缓急可也。'"猷定为之感泣，时宾客闻者皆流涕。

又言曰："呜呼！吾老人十年以来，头童然秃且尽，而视听茫然，而肝肺崩裂，如沸如屠。然每忆吾女吞药不得死，吾老人不知生之可恋而死之可悲也！兵人，以戈刺床下，数刺，数抵其隙，乃去，不知女反匿床下。药发，喘不绝，余与老妻抱之恸，强饮以水，不死。女泣谓余曰：'儿必死，无援儿为也。儿受生养十六年，父母又无男儿，不能与父母相养以生，相待以老，俾至于终身。而今使父母收我骨，目不瞑矣！父老祖宗之不血食，家世江南，当与母勉图归计耳。'时注水庭中，立起，以头投水，水浅，自顶以上不及颈，余力持之起。目瞪，口泻水如注。是时雨甚，门外马蹄践血与泥，声溅溅。比屋杀人焚炉，火四起。夜，女以纸渍水塞口鼻，强余手闭其气，令绝。余心痛，手不能举，又解在带，强母缢之，母仓卒走出。闻足击床阁阁，呜呼，死矣！"

猷定闻益悲，忍不铭？烈女名淑贤，父为镇江钱公应式，母卞氏。公善医，活人者众。女死后，受兵梃刃数十，不死，兵缚公欲杀，以手格之，皆仆地，反得免。卞时病甚，亦受刃，久之复苏，人以为女之阴助云。

铭曰：

三光绝，一炬烈！后土争之土欲裂。瘗尔于忠贞之旁，丽重离以照四方之缺。

【解析】

王猷定（1598—1662年）江西南昌人，贡生，明末清初散文大家、诗人。曾在史可法幕下效命，明朝灭亡后不再仕，常常作些诗文自娱自乐。晚年时期，居住在浙中西湖僧舍。其工诗古文，郁勃多奇气，其行书楷法，亦名重一时。

南明弘光政权时，清兵南下，屠烧扬州十日，是历史上著名惨案。钱烈女是无数扬州女子之一，她不愿坐以待毙或被污，执意自尽，事迹感人，在全祖望的《梅花岭记》中也有记载。

清兵扬州屠城之事，正史都无详细记述，只有王秀楚的《扬州十日记》、戴名世的《乙酉扬州城守纪略》记述详细。早在筹备城防的时候，史可法心里就明白，局势已经不可挽回。他安抚城中百姓，"一人当之，不累百姓"。史公就只是一书生，敌军来势汹汹，怎能以一人之力抵挡，而不累及百姓？清顺治二年（1645年）四月二十五日，扬州城被攻陷，史可法被擒，史公临终前请求豫王不要伤害城中的无辜百姓。豫王不听，下令屠城整整十日。这篇墓志铭中所写之钱烈女，即死于扬州城陷之后二日。赵翼《廿二史劄记》卷三十六有言："兴朝之运，所过如摧枯拉朽，彼亡国之师，自必当之立碎。"时势如此，尽人皆知，而史可法等人明明知道不可为而为之，都是因为心存善念，胸中有节操大义。为人臣子各为其主无可厚非，但是心中的节操大义并无二致，所以史可法受人景仰，而洪承畴遭人唾弃。王朝更迭，原本与百姓无关，钱氏女未免受辱，百般求死，所以后世文人著文表彰。

据《扬州十日记》载，清军入城，目标有二：男人腰间之金，与男人身旁之妇。屠城之后，男人横尸遍野，女子受辱而亡者，比比皆是。城破，钱氏女为免于受辱，百般求死，而自作了断，如此刚烈的女子，怎能不受人敬佩！这篇传记性的墓志铭情节具体真实，笔墨生动含情，为烈女增色不少。

王夫之·自题墓石

有明遗臣行人王夫之，字而农，葬于此。其左则其继配襄阳郑氏之所祔也。自为铭曰：

抱刘越石之孤愤，而命无从致，希张横渠之正学，而力不能企。幸全归于兹丘，固衔恤以永世。

【解析】

王夫之（1619—1692年），字而农，号姜斋、又号夕堂，湖广衡州府衡阳县（今湖南衡阳）人，明清时期著名的唯物主义思想家，与顾炎武、黄宗羲并称明清之际三大思想家。王夫之从小就跟自己的父兄读书习字，晚年隐居于石船山，著书立传，自署船山病叟、南岳遗民，后人遂称之为船山先生。

本文选自《王船山诗文集薑斋文集补遗》。这是王夫之为自己作的墓志铭，其序和铭都特别简短，但却体现了王夫之的思想性格及其文风，念念不忘其为"明遗臣"，"抱刘越石之孤愤"，字里行间透露出一股未完成复国大志的悲壮气氛。

墓志铭为盖棺论定之文体，应是亡者之子孙辇金敦请当世大儒执笔而成。历代都有自为墓志铭者，然大多为游戏文字。王夫之的自为墓志，其志与铭皆惜墨如金。开篇点明遗臣身份，可见其一生操守若磐石不移。铭文部分自比两古人：越石刘琨，生当胡寇塞路、国破家亡之日，奔走乱离，被奸人所害；横渠张载，早年谈兵，晚年论道，是不得已而为之。船山先生的一生与张载大有类似，所以如此仰慕。船山谈学论道，最擅长拈出一字，而纲领众目。在铭文中，则以"命"与"力"二字总括一生。命无从致，徒唤奈何；力不能企，心向往之。他叮咛二子，言辞威严，以至于发愿起誓。由此可知，这篇不足百字的铭文，乃船山性命所系，绝不容后人任意点窜。

■ 朱彝尊·叶妪冢铭

叶妪者，乳予于襁褓者也。予生四龄，妪归。归九年，浙东西大旱，飞蝗蔽天，岁饥，人相食。而妪之夫适死，因就食予家。

予家自先太傅文恪公以宰辅归里，家无储粟。先大父继之，益以廉节自砺，知楚雄府事还，力不能具舟楫。至是，先大父已卒。先处士安度先生家计愈窘，尝至绝食。从祖讳大定，通判成都，以蜀江米四斛贻处士。米色殷而粝，食之咽喉若中鱼骨。妪不得饱，乃流涕辞去。十年之中凡五嫁，而夫辄贫。尝语人曰："安得十郎骤富，使我老不复更嫁乎？"其言可悯如是。十郎，谓予也。

妪年七十有一而死，死之日，后夫益贫。予妻为典衣买棺以殓。越明年戊申，予在济南，闻而哀之，资其夫钱若干，俾往瘗焉。寄之以铭曰：

妇人五嫁，理则不可，贫实驱之，否谁依者？伤哉贫乎！乃至辱其身乎。

【解析】

朱彝尊（1629—1709年），字锡鬯，号竹垞，又号醧舫，晚号小长芦钓鱼师，又号金风亭长，汉族，浙江秀水（今浙江嘉兴市）人。清代诗人、词人、学者、藏书家。

朱彝尊的这篇墓志铭是为自己的奶妈写的，且在文中作者并不讳言奶妈曾前后改嫁过五次这样一个事实，这在充斥着表彰忠孝节义的文人集中是罕见的。作者若不是身受过贫困的煎熬是写不出也不敢写的。"饿死事小，失节事大"，在当时即使是一个没有读过书的人也是深知此道理的，叶妪自己也的确认为这样做是不妥当的，为了生存，她只能这样做。如果说叶妪也有一些奢望的话，那只是将自己对未来的希望寄托在当时仍在困顿中挣扎的十郎的身上。而这一奢望也只是"不复更嫁"而已。文章悼叶妪之贫，也感叹以廉节自律的官吏的清分。贵为宰辅的曾祖，告老还乡后，居然家无储粟；在云南做知府的祖父，任满后，竟自没有足够的川资返乡，明廷有这样的清官，竟然还

▲ 朱彝尊

亡了国，是这样的清官太少了，还是清廉并非一剂治疗膏肓病人的猛药作为一个生活在易代之际的读书人，对这些问题朱彝尊可能都思考过。但在这篇短小的墓志铭里面，是无法回答这样沉重的问题的。但是，朱彝尊却在这篇小文里隐约讨论了另外一个同样沉重却又无法回避的问题，即节操问题。对于叶姬来说，守贞就意味着被饿死。对于易代之际的文人来讲，身为前朝遗民，理应不事二主，不做贰臣，这与妇人守贞道理一样，而结果也没有什么区别，即便不会饿死，也只能沉沦下僚，郁郁而终。应该怎么办，何去何从，顾炎武、黄宗羲、万斯同等人都面临过这一问题的困扰，我们可以感觉得到朱彝尊因这一问题的困扰而显现出的焦虑。明亡不久，朱彝尊曾一度投身于复明的运动，眼见大势已去，只得游幕四方，以布衣自尊。这篇墓志铭正是写于这一时期，文中也似乎暗含着一个渐变的信息。康熙十八年（1679年），朱彝尊一改不合作的做法，参加了博学鸿词的考试，50岁的朱彝尊正式进入仕途。"妇人五嫁，理则不可，贫实驱之，否谁依者？伤哉贫乎，乃至辱其身乎！"说的是叶姬，其实又何尝不是对自己的人生感慨呢？

■ 方苞·杜苍略先生墓志铭

先生姓杜氏，讳岕，字苍略，号些山。湖广黄冈人。明季为诸生。与兄浚避乱居金陵，世所称茶村先生也。

二先生行身略同而趣各异。茶村先生峻廉隅，孤特自遂，遇名贵人，必以气折之；于众人，未尝接语言，用此丛忌嫉。然名在天下，诗每出，远近争传诵之。先生则退然一同于众人，所著诗歌古文，虽子弟弗示也。方壮丧妻，遂不复娶。所居室漏且穿，木榻，敝帷，数十年未尝易，室中终岁不扫除。有子，教授里巷间。婆艰，每日中不得食，男女啼号。

客至，无水浆，意色间无几微不自适者。间过戚友，坐有盛衣冠者，即默默去之。行于途，尝避人，不中道与人语，虽儿童、厮舆，唯恐有伤也。

初，余大父与先生善，先君子嗣从游，苞与兄百川亦获侍焉。先生中岁道仆，遂跛，而好游，非雨雪，常独行，徘徊墟莽间。先君子暨苞兄弟，暇则追随，寻花莳，玩景光，藉草而坐，相视而嘻，冲然若有以自得，而忘身世之有系牵也。辛未、壬申间，苞兄弟客游燕、齐，先生悄然不怡，每语先君子曰："吾思二子，亦为君惜之。"

先生生于明万历丁巳四月初九日，卒于康熙癸酉七月十九日，年七十有七，后茶村先生凡七年。而得年同。所著《些山集》藏于家。其子捴以某年月日卜葬某乡某原，来征辞。

▲ 方苞

铭曰：

蔽其光，中不息也；虚而委蛇，与时适也；古之人与？此其的也。

【解析】

方苞（1668—1749年），字灵皋，又字凤九，晚年号望溪，又号南山牧叟。汉族，江南桐城（今安徽省桐城区凤仪里）人，清代散文家，桐城派散文创始人，与姚鼐、刘大櫆合称桐城三祖。

方苞所做之文，多受到后代人推重，但是同辈中人，则时有讥评。李绂《书方灵皋曾祖墓铭后》认为其文"谬为减字换字法，以示新异，而文理实未可通"。盖望溪先生接武退之，为文"词必己出"，不喜欢重袭前人哪怕一字一句，故为文雅则雅矣，洁则洁矣，然若过多雕镂，不免有滞涩之弊。

本篇墓志铭中志铭并存，写作手法上采用对比，将茶村先生的行径、志趣与苍略先生作比，表现出了苍略先生谦退、恬静、不求名利、与世无争之性格。墓文在言语上雅洁，风格颇具飘逸之风，钦慕之情流于字里行间。姚鼐评价说"有逸气"，并非虚誉。

■ 方苞·陈驭虚墓志铭

君讳典，字驭虚，京师人。性豪宕，喜声色狗马，为富贵容，而不乐仕宦。少好方，无所不通，而独以治疫为名。疫者闻君来视，即自庆不死。京师每岁大疫，自春之暮至于秋不已。康熙辛未，余游京师，仆某遘疫，君命市冰以大罂贮之，使纵饮，须臾尽；及夕，和药下之，汗雨注，遂愈。余问之，君曰："是非医者所知也。此地人畜骈阗，食腥膻，家无溷匽，污渫弥沟衢，而城河久堙，无广川大壑以流其恶。方春时，地气愤盈上达，淫雨泛溢，炎阳蒸之，中人膈臆，困㦗忿蓄，而为厉疫。冰气厉而下渗，非此不足以杀其恶，故古者藏冰，用于宾、食、丧、祭，而老疾亦受之，民无厉疾。吾师其遗意也。"

余尝造君，见诸势家敦迫之使麇至。使者稽首阶下，君伏几呻吟，固却之。退而嘻曰："若生有害于人，死有益于人，吾何视为？"君与贵人交，必狎侮，出嫚语相訾謷，诸公意不堪，然独良其方，无可如何。余得交于君，因大理高公。公亲疾，召君，不时至；独余召之，夕闻未尝至以朝也。

君家日饶益，每出，从骑十余，饮酒歌舞，旬月费千金。或劝君谋仕，君曰："吾日活数十百人，若以官废医，是吾日杀数十百人也。"诸势家积怨日久，谋曰："陈君乐纵逸，当以官为维娄，可时呼而至也。"因使太医院檄取为医士。君遂称疾笃，饮酒近女，数月竟死。

君之杜门不出也，余将东归，走别君。君曰："吾逾岁当死，不复见公矣。公知吾谨事公意乎？吾非医者，惟公能传之，幸为我德。"乙亥，余复至京师，君枢果舁，遗命必得余文以葬。余应之，而未暇以为。又逾年，客淮南，始为文以归其孤。

君生于顺治某年某月某日，卒于康熙某年某月某日，妻某氏，子某。铭曰：

义从古，迹戾世，隐于方，尚其志。一愤以死避权势，胡君之心与人异？

【解析】

方苞论文力主"义法"。此义法，简单来说，义为"言有物"，法为"言有序"。以义为经，以法为纬，然后为成体之文。具体到人物碑传的写法上，就是要写出一个人的精神本质，而尽去无关紧要的文字。因此，在语言方面就要求"雅洁"。方苞说过："夫文，未有繁而能工者。"（《与程若韩书》）在《与孙以宁书》中，方苞结合他所写的《孙征君传》将这个道理阐述得更为明确："往者群贤所述，惟务征实，故事愈详，而义愈狭。今详者略，实者虚，而征君所蕴蓄，转似可得之意言之外。"而这篇墓志铭也合乎方苞的"义法"理论。

这也是一篇触及现实黑暗的作品。在方苞笔下，陈驭虚不但医术极精，而且富有正义感。他宁为普通人治病，却不为权势之家效劳，因为这些权贵"生有害于人,死有益于人"。他"不乐仕宦"也是因为考虑到广大普通宦者的需要。最后,为抗拒权贵们的羁縻,竟"一愤以死"。这样一个有术有德的医生,确实值得称道。从此文对陈驭虚的深情赞美,也表现出作者对现实的是非分明的态度。文章在材料剪裁上,颇费思量。

方苞主张,为人立传,"所载之事,必与其人之规模相称。"(《与孙以宁书》)此文为医生立传,集中写其行医及反抗权贵的高行。于其医术,只写一例以见一般,而不琐琐罗列,于医术之外,又只以抗诊与拒仕两事表现其品德,用事极简,笔墨极省,而人物风貌已跃然纸上。

■ 姚鼐:袁随园君墓志铭

君钱塘袁氏,讳枚,字子才。其仕在官,有名绩矣;解官后,作园江宁西城居之,曰"随园",世称"随园先生",乃尤著云。祖讳铸,考讳滨,叔父鸿,皆以贫游幕四方。君之少也,为学自成,年二十一,自钱塘至广西,省叔父于巡抚幕中。巡抚金公铁一见异之,试以《铜鼓赋》,立就,甚瑰丽。会开博学鸿词科,即举君,时举二百余人,惟君最少,及试,报罢。中乾隆戊午科顺天乡试,次年成进士,改庶吉

▲ 姚鼐

士。散馆，又改发江南为知县，最后调江宁知县。江宁故巨邑，难治。时尹文端公为总督，最知君才，君亦遇事尽其能，无所回避，事无不举矣。既而去职家居，再起，发陕西。甫及陕，遭父丧归，终居江宁。

君本以文章人翰林，有声，而忽摈外；及为知县，著才矣，而仕卒不进。自陕归，年甫四十，遂绝意仕宦，尽其才以为文辞、歌诗。足迹造东南山水佳处皆徧，其瑰奇幽邈，一发于文章，以自喜其意。四方士至江南，必造随园投诗文，几无虚日。君园馆花竹水石，幽深静丽，至棂槛器具，皆精好，所以待宾客者甚盛。与人留连不倦，见人善，称之不容口，后进少年诗文，一言之美，君必能举其词，为人诵焉。君古文、四六体，皆能自发其思，通乎古法，于为诗，尤纵才力所至，世人心所欲出不能达者，悉为达之，士多效其体。故随园诗文集，上自朝廷公卿，下至市井负贩，皆知贵重之。海外琉球，有来求其书者。

君仕虽不显，而世谓百余年来，极山林之乐，获文章之名，盖未有及君也。君始出，试为溧水令。其考自远来县治，疑子年少无吏能，试匿名访诸野，皆曰："吾邑有少年袁知县，乃大好官也。"考乃喜人官合。在江宁，尝朝治事，夜召士，饮酒赋诗，而尤多名迹。江宁市中，以所判事作歌曲，刻行四方，君以为不足道，后绝不欲人述其吏治云。

君卒于嘉庆二年十一月十七日，年八十二。夫人王氏，无子，抚从父弟树子通为子。既而侧室钟氏又生子迟。孙二，曰初，曰禧。始，君葬父母于所居小仓山北，遗命以己祔。嘉庆三年十二月乙卯，祔葬小仓山墓左。桐城姚鼐以君与先世有交。而鼐居江宁，从君游最久，君殁，遂为之铭曰：

粤有耆庞，才博以丰。出不可穷，匪雕而工。文士是宗，名越海邦。蔼如其冲，其产越中。载官倚江，以老以终。两世阡同，铭是幽宫。

【解析】

姚鼐（1731—1815年），字姬传，一字梦谷，世称惜抱先生、姚惜抱，汉族，安徽省桐城市人。清代著名散文家，与方苞、刘大櫆并称为"桐城三祖"。

袁枚（1716—1798年），钱塘（今浙江杭州）人，祖籍浙江慈溪。字子才，号简斋，晚年自号仓山居士、随园主人、随园老人。清朝乾嘉时期代表诗人、散文家、文学评论家和美食家。

袁枚出身贫寒，家居钱塘（今浙江杭州市），中年辞官后居江宁（今江苏南京市）终老。姚鼐的伯父姚范和袁枚是朋友，姚鼐四十几岁之后也在江宁多年，和袁文字过从甚密，对袁的为人了解很深，关系在师友之间。这篇墓志铭是姚鼐精心结撰之作，追忆了袁枚一生的经历和文学成就，赞扬了他杰出的文学才华及为官清廉、淡泊名利的品质。

袁枚认为墓志铭的撰写可分为不待请而为之者，以及请然后为之者两种情况，不待请而为之者又可分为其人功德忠勋，彪炳海内，我为表彰，甘心访求而为之者；次为其人虽无可纪，而生平与我交好，我与其传志，以申哀感之情者。袁枚视不待请而为之者为当然，而出子孙之请者为贬其道而为之。按袁枚的标准，姚鼐为他撰写这篇墓志铭，当属不待请而为之者，因为他有以文报国的彪炳海内的功勋，也与姚鼐平生交好。实际上，作为桐城派中才华横溢、领袖文坛的古文大家姚鼐，对袁枚这个诗坛盟主、挚友世交的亡故，理应不能不情动于衷，于是情不自已，发而为文。这篇墓志铭文字简古，运思雅正，是一篇标准的桐城古文。

文章在叙述时既错综变化，又脉络分明，不板滞，不凌乱，而能突出袁枚的主要精神和成就。在评价时用语极注意分寸，无谀墓之嫌。像袁枚这样享年八十二，又有多方面才能，当世声名就远播海外而也曾受过极口贬刺的人，能够用这样简短的篇幅，写得恰如其分，这是很不容易的。没有平时的深刻理解，不能把握住袁枚的主要精神而略去次要的履历；没有极其深沉的语言文字的修养，也达不到这样"文体省净"的境界。在姚鼐的碑志文中，这确是精品。

图片授权

全景网

壹图网

中华图片库

林静文化摄影部

敬　启

　　本书图片的编选，参阅了一些网站和公共图库。由于联系上的困难，我们与部分入选图片的作者未能取得联系，谨致深深的歉意。敬请图片原作者见到本书后，及时与我们联系，以便我们按国家有关规定支付稿酬并赠送样书。

　　联系邮箱：932389463@qq.com

参考书目

1. 王玉池．中国书法篆刻欣赏辞典．北京：农村读物出版社，1989
2. 袁维春撰．秦汉碑述．北京：北京工艺美术出版社，1990
3. 李域铮，赵敏生，雷冰编著．西安碑林书法艺术．西安：陕西人民美术出版社，1992
4. 赵超．中国古代石刻概论．北京：文物出版社，1997
5. 《历代碑帖法书选》编辑组．唐颜真卿书郭虚已墓志铭．北京：文物出版社，2001
6. 金其桢．中国碑文化．重庆：重庆出版社，2002
7. 徐自强，吴梦麟．古代石刻通论．北京：紫禁城出版社，2003
8. 何绍基．清何绍基书顾荃士墓志铭．西安：陕西人民出版社，2005
9. 张鲁原．中华碑文化．北京：群言出版社，2008
10. 金东瑞．碑．吉林：吉林出版集团有限责任公司，2010
11. 魏文源．墓志铭集．南京：江苏美术出版社，2010
12. 上海书画出版社．隋墓志铭品．上海：上海书画出版社，2012
13. 邱振中，陈政．北魏墓志铭九品．南昌：江西美术出版社，2014
14. 薛元明．北魏墓志铭．南昌：江西美术出版社，2014
15. 薛元明．李璧墓志铭．南昌：江西美术出版社，2014
16. 薛元明．司马昞墓志铭．南昌：江西美术出版社，2014

17. 郑继波，曹晓园．张黑女墓志铭、司马景和妻墓志铭．上海：上海人民美术出版社，2015

18. 薛元明．张黑女墓志铭．合肥：安徽美术出版社，2015

19. 薛元明．董美人墓志铭．合肥：安徽美术出版社，2015

20. 刘天琪．墓志铭七品．南京：江苏美术出版社，2016

中国传统民俗文化丛书

一、古代人物系列（13本）
1. 中国古代乞丐
2. 中国古代道士
3. 中国古代名帝
4. 中国古代名将
5. 中国古代名相
6. 中国古代文人
7. 中国古代高僧
8. 中国古代太监
9. 中国古代侠士
10. 中国古代幕僚
11. 中国古代皇后
12. 中国古代士人
13. 中国古代华侨

二、古代民俗系列（10本）
1. 中国古代民俗
2. 中国古代玩具
3. 中国古代服饰
4. 中国古代丧葬
5. 中国古代节日
6. 中国古代面具
7. 中国古代祭祀
8. 中国古代剪纸
9. 中国古代鞋帽
10. 中国古代生肖文化

三、古代收藏系列（16本）
1. 中国古代金银器
2. 中国古代漆器
3. 中国古代藏书
4. 中国古代石雕
5. 中国古代雕刻
6. 中国古代书法
7. 中国古代木雕
8. 中国古代玉器
9. 中国古代青铜器
10. 中国古代瓷器
11. 中国古代钱币
12. 中国古代酒具
13. 中国古代家具
14. 中国古代陶器
15. 中国古代年画
16. 中国古代砖雕

四、古代建筑系列（12本）
1. 中国古代建筑
2. 中国古代城墙
3. 中国古代陵墓
4. 中国古代砖瓦
5. 中国古代桥梁
6. 中国古塔
7. 中国古镇
8. 中国古代楼阁
9. 中国古都
10. 中国古代长城
11. 中国古代宫殿
12. 中国古代寺庙

五、古代科学技术系列（15本）
1. 中国古代科技
2. 中国古代农业
3. 中国古代水利
4. 中国古代医学
5. 中国古代版画
6. 中国古代养殖
7. 中国古代船舶
8. 中国古代兵器
9. 中国古代纺织与印染
10. 中国古代农具
11. 中国古代园艺
12. 中国古代天文历法
13. 中国古代印刷
14. 中国古代地理
15. 中国古代地方志

六、古代政治经济制度系列（16本）
1. 中国古代经济
2. 中国古代科举

3. 中国古代邮驿
4. 中国古代赋税
5. 中国古代关隘
6. 中国古代交通
7. 中国古代商号
8. 中国古代官制
9. 中国古代航海
10. 中国古代贸易
11. 中国古代军队
12. 中国古代法律
13. 中国古代战争
14. 中国古代衙门
15. 中国古代外交
16. 中国古代盐文化

15. 中国古代饮食
16. 中国古代娱乐
17. 中国古代兵书
18. 中国古代哲学
19. 中国古代宗祠
20. 中国古代奇案
21. 中国古代旅游
22. 中国古代家风
23. 中国古代地名
24. 中国古代家谱与年谱
25. 中国古代名字与别号
26. 中国古代墓志铭

七、古代文化系列（26本）

1. 中国古代婚姻
2. 中国古代武术
3. 中国古代城市
4. 中国古代教育
5. 中国古代家训
6. 中国古代书院
7. 中国古代典籍
8. 中国古代石窟
9. 中国古代战场
10. 中国古代礼仪
11. 中国古村落
12. 中国古代体育
13. 中国古代姓氏
14. 中国古代文房四宝

八、古代艺术系列（12本）

1. 中国古代艺术
2. 中国古代戏曲
3. 中国古代绘画
4. 中国古代音乐
5. 中国古代文学
6. 中国古代乐器
7. 中国古代刺绣
8. 中国古代碑刻
9. 中国古代舞蹈
10. 中国古代篆刻
11. 中国古代杂技
12. 中国古代民间工艺